Florence Scovel 3 en 1

Florence Scovel 3 en 1

El juego de la vida y cómo jugarlo
El poder de la palabra hablada
La palabra es tu varita mágica

Libros Selectos

Florence Scovel 3 en 1
El juego de la vida y cómo jugarlo
El poder de la palabra hablada
Tu palabra es tu varita mágica
Títulos originales:
The Game of Life and How to Play it
The Power of the Spoken Word
Your Word is your Wand

Copyright DeVorss & Company
Copyright Florence Scovel Shinn
D.R. Copyright Editorial Lectorum, S.A. de C.V., 2005
L.D. Books. Miami, Florida, 33166
Primera edición: junio de 2005
ISBN: 978-1534806863
Copyright Traducción: Laura López, Catherine Seelig

Índice

Libro 1

EL JUEGO DE LA VIDA Y CÓMO JUGARLO

El juego

La mayor parte de las personas piensa que la vida es como una batalla, pero la vida no es una batalla sino un juego.

No obstante, es imposible ganar en este juego si no se tiene el conocimiento de la Ley Espiritual. El Antiguo y el Nuevo Testamento nos dan con una extraordinaria claridad las reglas de este juego. Jesucristo enseñó que este juego se llama dar y recibir.

«Todo lo que el hombre siembra, lo cosechará.» Esto quiere decir que un ser humano recibirá aquello que dé con su palabra o acciones. Si siembra enemistad, recibirá enemistad; si ama, a su vez será amado; si juzga, no podrá evitar que lo juzguen; si miente, alguien le mentirá; si defrauda, le robarán. Nosotros aprendemos que en el juego de la vida la imaginación tiene un papel fundamental.

«Por encima de todo cuidado, guarda tu corazón (o imaginación), porque de él brotan las fuentes de la vida.» (Prov. 4,23.)

Esto quiere decir que todo lo que una persona imagina, tarde o temprano, se materializa en su vida. Yo conocí a un hombre que tenía miedo de contraer cierta enfermedad. Se trataba de una enfermedad poco común

11

y resultaba muy difícil contraerla, pero continuamente él se la imaginaba y leía artículos al respecto, hasta que finalmente un día la enfermedad se manifestó en su cuerpo, y el hombre murió por causa de su propia imaginación deformada.

Nosotros nos hemos dado cuenta que es preciso encauzar correctamente nuestra imaginación, para participar con éxito en el juego de la vida. Y entonces sucede que nuestra imaginación se vivifica y no vuelve a representar nada que no sea el bien. Atraiga a su vida «todos los deseos legítimos de su corazón», la bienaventuranza, la riqueza, el amor, los amigos, la expresión perfecta de usted mismo y la realización de los más altos ensueños.

La imaginación es conocida como «las tijeras del alma» y, efectivamente, corta día tras día, incansablemente, las imágenes que el hombre crea y, tarde o temprano, manifiesta en el plano exterior sus propias invenciones. El ser humano debe conocer la naturaleza de su espíritu, la manera en que funciona, para modelar adecuadamente su imaginación; los griegos señalaban: «Conócete a ti mismo».

El espíritu incluye tres niveles: el subconsciente, el consciente y el superconsciente. El subconsciente sólo es energía sin dirección fija. Su proceder es similar al del vapor o a la electricidad, no tiene un poder específico y manifiesta lo que se le manda.

Todo lo que una persona siente profundamente o imagina con claridad queda grabado en el subconsciente, y se manifiesta hasta en los más mínimos detalles. Por ejemplo, conozco a una mujer que desde niña siempre se ha hecho pasar por «viuda». Suele vestirse de negro, con una túnica larga, y su familia piensa que es muy divertida y graciosa. Cuando creció, contrajo matrimonio con un hombre al que amaba intensamente. Algún tiempo después, su esposo falleció y ella se vistió con un largo manto de luto por muchos años. Su subconsciente marcado por la imagen que ella misma se había formado en su niñez, la materializó sin considerar su sufrimiento.

El consciente es conocido como espíritu mortal o carnal. Se trata del espíritu humano que ve la vida tal como se presenta. Es testigo de la muerte, las catástrofes, la enfermedad, la desdicha y las limitaciones de todos los tipos, y graba todo esto en el subconsciente.

El Espíritu de Dios es el superconsciente, se encuentra dentro de todas las personas, es el plano de las ideas perfectas.

Ahí es donde se encuentra el «modelo perfecto» que Platón menciona, el Plan Divino, pues para cada persona existe un Plan Divino.

«Existe un sitio que usted debe ocupar y que nadie más puede ocupar; usted tiene una misión por realizar y que ninguna otra persona puede cumplir.»

En el superconsciente tenemos una excelente imagen de esto. En algunas ocasiones esta imagen se proyecta en el consciente como un rayo y aparenta ser un ideal fuera de su alcance, algo que es demasiado bello como para ser verdad.

Pero en realidad se trata del auténtico destino de esta persona, proyectado por la Inteligencia Infinita que existe en su interior. Sin embargo muchas personas desconocen cuál es su verdadero destino e intentan obligar las cosas y situaciones que les son ajenas, y que en el caso de que lleguen a tenerlas sólo les causarán fracasos y desilusiones.

Por ejemplo hubo una joven que vino a verme para solicitarme que «pronunciara la palabra adecuada» para que pudiera casarse con cierto hombre del que ella estaba muy enamorada (ella lo llamó A. B.). Entonces yo le dije que hacer eso sería una trasgresión a la Ley Espiritual, pero que en su lugar pronunciaría la palabra para que apareciera el hombre de elección divina, el hombre que le correspondía por Derecho Divino. Y agregué: «Si A. B. es el hombre que le corresponde, usted no lo perderá; pero si no lo es, usted encontrará a su equivalente». Ella se citaba a menudo con A. B., pero él no se le declaraba. Una noche, la joven vino a verme y me dijo: «¿Sabe?, ha pasado una semana y A. B. no me parece tan maravilloso». Yo le dije: «Tal vez él no sea su hombre en el Plan Divino, y seguramente hay otro». Poco después, esta joven conoció a una persona de la que se enamoró instantáneamente y le dijo que ella era su sueño. De hecho, le dijo todo lo que ella había esperado oír de boca de A. B. Para esta joven, todo eso es sorprendente. No pasó mucho tiempo antes de que ella comenzara a escuchar a sus voces internas y dejó para siempre su interés por A. B.

Lo que acabo de mencionar es un claro ejemplo de la Ley de la Sustitución. Una idea justa ha reemplazado a una idea errónea y, por consiguiente, no hubo una pérdida o sacrificio.

Jesucristo afirmó: «Busca el Reino de Dios y su Justicia y todo lo demás te será dado por añadidura», y también ha afirmado que el Reino se encuentra dentro de todos nosotros. El Reino es el Plan de las Ideas Justas, del Plan Divino. Jesucristo también enseñó que nuestras palabras juegan un papel fundamental en el juego de la vida: «Por todas tus palabras serás salvado, y por tus palabras serás condenado».

Muchísima gente provoca en sus vidas grandes calamidades por pronunciar palabras incorrectas. Así, un día una mujer me preguntó por qué motivo su vida se había transformado en algo tan desdichado y miserable, si su casa estaba repleta de objetos hermosos y era muy rica. Cuando indagamos un poco más, nos dimos cuenta que se había cansado de cuidar su casa y que constantemente se repetía: «¡No quiero ninguna de estas cosas, lo que quiero es vivir dentro de una maleta!». Y agregaba: «Este día se ha realizado eso». Fue su palabra lo que había manifestado su situación. El subconsciente no sabe lo que son las bromas; por eso la gente causa sus propios males cuando dice cosas en broma.

Les voy a dar otro buen ejemplo: hubo una persona que tenía mucho dinero, solía divertirse con regularidad y afirmaba que actuaba de esa manera porque «se disponía a entrar a un asilo». Algunos años después estaba al borde de la quiebra, ya que había grabado en su subconsciente la imagen de la mediocridad y la carencia.

Por fortuna, la Ley tiene doble filo, y una situación infortunada puede ser convertida en una favorable. En un caluroso día de verano acudió a mi casa una señora para pedirme un «tratamiento» para la prosperidad—en metafísica «tratar» quiere decir someterse a la acción de la oración—. Estaba muy cansada, decaída, desalentada y me dijo que sólo tenía ocho dólares. Entonces yo le dije: «De acuerdo, nosotros vamos a bendecir y a multiplicar tus ocho dólares, tal y como Jesucristo lo hizo con los panes y los peces». Justamente esa es la razón por la cual él ha enseñado que todos los seres humanos son capaces de bendecir y multiplicar, de curar y salir adelante.

—¿Y qué tengo que hacer después?

—Escuchar sus intuiciones. ¿Tiene usted interés o se siente atraída por alguna cosa o lugar?

La palabra intuición viene de intueri, ver desde el interior, en otras palabras, ser encaminado desde el interior. La intuición, corazonada o presentimiento es la guía garantizada del ser humano. Más adelante hablaré más largamente sobre sus Leyes. Así esta señora meditó un poco y dijo: «No estoy segura, pero creo que debería regresar al seno de mi familia; tengo el dinero justo para el viaje de regreso». Su familia vivía en un pobre y lejano pueblo; la razón, el entendimiento, le decía:

«Permanece en Nueva York, encuentra trabajo y gana dinero».

Pero en vez de eso yo le dije: «Vamos, vuelva a su casa, jamás se resista a una corazonada», e inmediatamente pronuncié para ella las siguientes palabras: «Espíritu Infinito, abre el camino de la gran abundancia para la señora X..., atrae invenciblemente todo lo que por derecho divino le corresponda».

Le pedí que repitiera esta oración constantemente. De manera inmediata, partió. Unos días después, durante una visita, volvió a encontrar a una vieja amiga de su familia.

Por medio de esta amiga y de una forma milagrosa, recibió miles de dólares. Posteriormente, me dijo lo siguiente: «Divulgue la historia de la señora que vino a verla con ocho dólares en el bolso y un presentimiento».

En el camino del hombre siempre se encuentra la abundancia, pero sólo se puede manifestar por medio de la esperanza, la fe o la palabra hablada. Jesucristo dijo claramente que el ser humano es quien tiene que dar el primer paso.

«Pedid y se os dará; buscad y hallaréis; llamad y se os abrirá.» (Mat. 7,7)

Y en las Sagradas Escrituras se puede leer: «En lo que se refiere al trabajo de mis manos, ordéname».

Dios, que es la Inteligencia Infinita, siempre está dispuesto para realizar todos los deseos de los humanos, por más grandes o pequeños que sean.

En otras palabras, todo deseo dicho o sin pronunciar es una solicitud. Nos podemos sorprender cuando vemos que uno de nuestros sueños se cumplió inesperadamente. Hubo un año, un poco antes de la Pascua, que vi en los aparadores de las floristerías unas hermosas rosas; yo deseaba recibir una y, tiempo después, visualicé mentalmente una rosa colocada ante mi puerta.

El día de Pascua me entregaron un bellísimo ramo de rosas. Al día siguiente le agradecí a la amiga que me lo había obsequiado y le dije que era justamente lo que yo quería.

Y mi amiga me dijo: «¡Pero si yo no te regalé un ramo de rosas! Te mandé azucenas».

La tienda de flores confundió su pedido con otro, y me enviaron el ramo de rosas sencillamente porque yo había puesto en acción la Ley, y tenía que recibir un ramo de rosas.

Entre el ser humano, sus más grandes sueños y cada deseo de su corazón, sólo se interpone la duda y el miedo. Por eso si los seres humanos desean algo fervientemente, todo eso se realizará al momento.

En el siguiente capítulo, expondré detalladamente la explicación científica de esto y de qué forma se puede borrar, de la mente consciente, el miedo. Éste es el único enemigo del ser humano: el miedo a la pobreza, al fracaso, a la enfermedad, a las pérdidas, todo sentimiento de duda sobre cualquier cosa.

Jesucristo dijo: «¿Por qué tenéis miedo, hombres de poca fe?» (Mat. 8,26.) Estamos convencidos que tenemos que reemplazar el miedo por la fe, pues el miedo es lo contrario a la fe: es fe conectada al mal en lugar del bien.

La finalidad del juego de la vida es ver claramente el bien y expulsar de la mente todas las imágenes del mal. Esto se consigue grabando sobre el subconsciente la manifestación del bien. Una vez un hombre muy inteligente y exitoso me contó que bruscamente sintió la necesidad de rechazar todo el miedo que había en su conciencia y un día leyó unas palabras escritas en letra mayúscula: «No se preocupe, lo más probable es que esto no se repita jamás». Estas palabras se grabaron en su subconsciente; ahora él tiene la firme certeza de que sólo el bien desea entrar en su vida y, por consiguiente, así se manifiesta el bien.

En el capítulo siguiente hablaré sobre los distintos métodos para grabar o impresionar al subconsciente. El subconsciente es un servidor fiel del ser humano, pero las órdenes que recibe tienen que ser las adecuadas. Los seres humanos continuamente tiene cerca un testigo atento, su subconsciente.

Todo lo que se dice, cada una de las palabras, se graba con sumo detalle dentro del subconsciente. Esto es semejante a la voz de un cantante que queda grabada en un disco. Si el cantante estornuda o duda, el disco también registrará ese sentimiento. Destruya los discos mal grabados y viejos que hay en su subconsciente, las grabaciones de nuestras vidas que no queremos almacenar, y sustitúyalos por unos nuevos y bien grabados.

Diga en voz alta estas palabras, con energía y seguridad: «Yo rompo y derribo (con mis palabras) todo lo que, dentro de mi subconsciente, está equivocado. Todo eso volverá a la nada, ya que todos los pensamientos superficiales salieron de mi imaginación. En este momento, grabo los nuevos discos gracias el poder de Cristo que hay en mí, que es salud, riqueza, amor y la manifestación perfecta de mi Ser. Ahí está el sentido de mi vida, el juego consumado».

Más adelante, explicaré cómo los seres humanos pueden cambiar las condiciones de su vida, por medio de la transformación de las palabras que emplea. Aquel que no entienda el poder de la palabra se encuentra rezagado en lo que respecta a su tiempo.

«Muerte y vida están en poder de la lengua, el que la ama comerá su fruto.» (Prov. 18,21)

La ley de la prosperidad

«Sí, el Señor será tu protección y no te faltará el oro.»

Una de las enseñanzas más importantes que las Sagradas Escrituras han dejado a la humanidad es que Dios es la fuente y que los seres humanos, por medio de su palabra, pueden hacer que todo lo que aparezca les pertenece por Derecho Divino. No obstante, deben tener una fe total en la palabra que pronuncian. Isaías afirmó: "Así será mi palabra, la que salga de mi boca, que no deberá retornar hacia mí desprovista, sin que haya realizado lo que deseo y haya cumplido aquello a que la envié". Ahora nosotros sabemos que las palabras y los pensamientos tienen una energía vibratoria inmensa y que, continuamente, moldean el cuerpo y así como todos los asuntos terrenales.

Un día vino a verme una mujer que; se encontraba sumamente preocupada y me dijo que el día quince de ese mismo mes, le iban a pedir que pagara una considerable cantidad de dinero. No encontraba la forma de conseguirlo y estaba desesperada.

Le expliqué que Dios es su fuente de todo suministro y que esta fuente existe para atender cualquier súplica. ¡Y pronuncié la palabra! Agradecí de antemano que ella consiguiera ese dinero en el momento preciso y de forma adecuada. Luego le dije que era preciso que tuviera una fe inquebrantable y que se comportara acorde con esa fe.

Llegó el día quince y no había ninguna señal del dinero. Esta mujer me llamó por teléfono para saber qué tenía que hacer.

Entonces le contesté: «Hoy es sábado, por eso nadie le reclamará ese dinero. Lo que tiene que hacer es comportarse como si fuera millonaria y, de esa forma, estará dando la mejor prueba de una fe total, la fe de alguien que cuenta con ese dinero para el lunes». Me pidió que almorzara con ella para fortalecer su fe. Me reuní con ella en el restaurante, y le dije: «Ahora no es tiempo de economizar.

Pida un almuerzo delicioso, y compórtese como si ya tuviera el dinero que está esperando. Puede tener la absoluta seguridad de que todo aquello que pida en oración, ya lo ha recibido».

Al día siguiente, me volvió a llamar para pedirme que pasara el día con ella. «No —le dije—, usted está protegida celestialmente, y Dios jamás se demora.»

Me volvió a llamar por la noche, Pero ahora estaba muy emocionada: «¡Querida, ha sucedido un auténtico milagro! Me encontraba en el salón esta mañana cuando llamaron a mi puerta. Y le dije a la mucama: "No deje entrar a nadie". Sin embargo la muchacha se asomó por la ventana y me dijo que era mi sobrino, el que tiene una larga barba blanca.

"Está bien, déjalo pasar, pues quiero verlo", le dije. Mi sobrino, que no había recibido respuesta, ya se iba e incluso ya daba vuelta a la esquina cuando escuché la voz de la mucama que lo llamaba y él regresó.

»Conversamos aproximadamente durante una hora y cuando ya se iba, me dijo: "Ah, por cierto, ¿cómo van tus asuntos económicos?". Le dije que necesitaba dinero y entonces él me respondió: "De acuerdo, tía, el día primero del mes yo te daré tres mil dólares". No tuve el valor para decirle que me iban a cobrar ese dinero al siguiente día. ¿Y ahora que hago? Tendré ese dinero hasta el próximo mes, pero lo necesito para mañana mismo.»

Le dije que tenía que continuar con el «tratamiento». Y agregué: «El Espíritu jamás se retrasa. Doy las gracias porque usted ya ha recibido el dinero en el plano invisible y por aquello que en el momento oportuno se manifestará».

A la mañana siguiente, su sobrino la llamó y le dijo: «Pasa ahora mismo a mi oficina, para que te dé el dinero». Ese mismo día, pasado un poco de las doce, el dinero ya estaba disponible en su cuenta bancaria y ella firmó los cheques tan rápido como se le permitió su emoción.

Si queremos obtener éxito, pero sólo nos preparamos para el fracaso, sólo conseguiremos fracaso, pues sólo nos preparamos para recibir eso. Un señor vino a verme para que pronunciara la palabra exacta que hiciera que cierta deuda le fuera perdonada. Me percaté de que la mayor parte del tiempo se la pasaba imaginando qué diría la persona a la que debía ese dinero en el momento en que le dijera que no podía pagarle. Si seguía actuando de esa forma lo único que conseguiría sería anular mi palabra. Entonces le pedí que se visualizara a sí mismo en el momento de saldar su deuda.

En la misma Biblia, hay un extraordinario ejemplo de lo que acabo de explicar, con los tres reyes que, estando en el desierto, sin agua para sus hombres y para sus caballos, preguntaron al profeta Eliseo qué debían hacer, entonces éste les dio este asombroso mensaje: «Porque así dice el Señor: No veréis viento y no veréis lluvia, pero este valle se llenará de agua y beberéis vosotros y vuestros campamentos y vuestros ganados.» Toda persona tiene que estar lista para recibir aquello que ha solicitado, aunque aparentemente no haya ni la más mínima señal de que así será.

Una vez, una mujer quería encontrar un departamento precisamente en un año en el que escasearon los departamentos en Nueva York. Conseguir uno parecía una tarea imposible e incluso sus amigos no hacían más que acrecentar su preocupación pues solían decirle: «Es una lástima, pero usted se verá obligada a guardar sus muebles en una cochera y a vivir en un hotel». Sin embargo ella siempre decía: «No se preocupen por mí. Soy superhumana y ya verán que encontraré un departamento».

Entonces, pronunció la siguiente afirmación: «Espíritu Infinito, abre la puerta para que encuentre el departamento adecuado». Esta mujer ya sabía que siempre hay una respuesta para cada petición, que era libre espiritualmente, y siguió trabajando en el plano espiritual, pues «uno junto con Dios se vuelve la mayoría».

Ella tenía el propósito de adquirir sábanas nuevas, pero «la tentación», por medio de la razón, le sugirió el pensamiento negativo: «Para qué las compras; después de todo, probablemente no encontrarás el departamento que buscas, y luego no sabrás qué hacer con ellas». De esa manera y para enfrentar estos pensamientos, se dijo a sí misma: «¡Cuando compre esas sábanas estaré "cavando mi pozo"!». Entonces, se preparó para hallar su departamento, se comportó como si ya lo tuviera y, de una forma milagrosa, logró encontrarlo, algo que sólo pudo atribuir a su inquebrantable fe, ya que por lo menos había otras doscientas personas que deseaban ese departamento.

Por esta razón, cuando compró aquellas sabanas encarnó un auténtico acto de fe.

Me parece innecesario decir que las fosas cavadas por los tres reyes en del desierto se inundaron y llenaron de agua hasta el tope (véase el Libro Segundo de los Reyes 2-3, vers. 20).

Sintonizarse con las cosas espirituales no es muy cómodo para la mayor parte de la gente. Los pensamientos negativos, de duda y temor siempre emergerán del subconsciente. Estas son las «armas extrañas» a las que se debe vencer. Eso es lo que explica por qué regularmente «hay más oscuridad antes del amanecer».

Las mejores manifestaciones suelen estar antecedidas por pensamientos dolorosos. Pero cuando se descubren los altos ideales espirituales, enviamos un desafío a las antiguas ideas que se esconden dentro del subconsciente y es en ese momento cuando se presenta el error que debe ser eliminado. Ahora es cuando se tienen que pronunciar constantemente afirmaciones, de regocijarse y de dar gracias por todo lo que ya se ha recibido.

«Antes de que ellos llamen, yo les responderé.» Esto quiere decir que «cada bien está perfectamente hecho» siempre que los seres humanos lo acepten de esta manera, pues es a ellos a los que pertenece. Ninguna persona puede obtener más que aquello que se visualiza recibiendo.

Los hijos de Israel estuvieron completamente seguros de que serían poseedores de todas las tierras que vieran. Lo mismo pasa con el resto de la gente. No puede tener aquello que no existe dentro de su propia visualización. Toda gran obra ha sido visualizada con anterioridad e incluso con frecuencia se consigue en el momento preciso de una brillante demostración, nacida de un supuesto fracaso y del pesimismo.

Los hijos de Israel anhelaban la «Tierra Prometida», pero no se atrevían a entrar en ella, pues pensaban que estaba habitada por gigantes que parecían langostas. Todas las personas suelen tener esta sensación.

No obstante, quien entiende la Ley Espiritual no permite que las apariencias lo engañen y se alegra mientras está «en cautiverio». Esto significa que insiste en ver la verdad y que da gracias por todo lo que le ha sido cumplido, por todo lo que ya ha recibido.

Jesucristo nos dejó un maravilloso ejemplo sobre esto. Él dijo lo siguiente a sus discípulos: «No decid nada, porque todavía faltan cuatro meses para la cosecha». Su clara visualización traspasa el mundo de la materia y él ve claramente el mundo de la cuarta dimensión, pues ahí las cosas se presentan tal y como son realmente, perfectas y enteras en el Espíritu Divino. Por esa razón el hombre debe mantener constantemente el objetivo de su viaje bien definido y pedir la manifestación de aquello que ya ha recibido, ya sea excelente salud o simplemente amor, prosperidad, la capacidad de expresarse correctamente, una casa, amigos, etcétera. Todas estas cosas están grabadas en el interior del Espíritu Divino (el superconsciente del ser humano) y son ideas perfectas y completas que deben manifestarse no a él sino por medio de él. Por ejemplo, un hombre vino a verme para pedirme un «tratamiento» para que su negocio prosperara. Para él resultaba imprescindible conseguir, dentro de cierto tiempo, cincuenta mil dólares. La fecha estaba cerca, por esa razón y lleno de desesperación, acudió a consultarme. Nadie quería prestarle esa cantidad y los bancos le habían negado terminantemente el crédito. Yo le dije: «Si no me equivoco usted está molesto con los bancos, pero si sigue actuando de esa manera sólo conseguirá perder sus fuerzas. Usted será capaz de controlar todas las situaciones si sabe controlarse a sí mismo. Vuelva al banco mientras yo "trato" el asunto».

Inmediatamente comencé mi tratamiento: «Gracias al amor usted está sintonizado con el espíritu de todos los empleados de ese banco. Que la Idea Divina arranque de esta situación». Entonces el hombre exclamó:

«¿Qué cree usted? Lo que dice no es posible. Mañana es sábado, el banco cierra al mediodía y mi tren no puede llegar antes de las diez. Además, la fecha límite es mañana y, de cualquier manera, ellos no me van a escuchar. Ya es muy tarde».

Yo le contesté: «A Dios no le preocupa el tiempo, nunca es demasiado tarde para él. Para él todo es

posible», y agregué: «Aunque no sé nada sobre negocios, conozco perfectamente a Dios».

A lo que él me contestó: «Todo esto suena maravilloso cuando llega a mis oídos, pero cuando me vaya,
esta situación resultará muy preocupante para mí».
Este hombre vivía en un pueblo distante y durante
una semana no tuve ninguna noticia suya. Después, me
llegó una carta. En ella se leía lo siguiente: «Usted estaba en lo correcto. Finalmente pude obtener al préstamo;
que me dejaron prestado; nunca más volveré a poner en
tela de juicio la verdad y tampoco nada de lo que usted
me ha dicho».

Algunas semanas más tarde me topé con este señor
y le pregunté: «¿Qué ha sucedido? Por lo que veo usted
pudo conseguir el dinero justo a tiempo». Él me contestó: «Mi tren llegó muy retrasado, por esa razón llegué
al banco hasta las doce menos cuarto. Entré tranquilamente y les dije: "Vengo a pedir un préstamo", e inmediatamente los empleados lo autorizaron, sin ponerme
ningún tipo de traba».

En los últimos quince minutos de los que disponía
este hombre para solucionar su problema, el Espíritu
Infinito llegó puntualmente. En este caso, esta persona
no pudo realizar por sí misma su propia manifestación.
Todo lo que necesitaba era recibir ayuda de alguien
para sostener perfectamente su visión. De esta forma
podemos ayudarnos los unos a los otros.

Jesucristo, que conocía esta verdad profundamente,
afirmó: «Si dos de entre vosotros hicieren en la tierra
cualquier petición, serán escuchados por mi Padre que
está en los cielos». En muchas ocasiones cuando uno se

encuentra solo, absorbido por sus propios problemas de negocios, se siente repleto de dudas y temores.

El «sanador» es su amigo, y ve claramente el éxito, la salud o el bienestar, jamás se da por vencido, pues sabe que no existe ninguna razón para pensar lo contrario. Es muchísimo más sencillo hacer una «manifestación» por los demás que por uno mismo. Por ende, si llegara a suceder que se tiene algún problema, nunca se debe dudar en solicitar ayuda.

Un profundo observador de la vida afirmó un día: «Si al menos una persona cree que alguien no puede fallar, entonces ésta obtendrá el éxito». Este es el auténtico poder de la visualización y más de una persona le debe su éxito a su esposa, una hermana o un amigo que tenía mucha fe en él y que, sin pensarlo dos veces, ¡supo sostener la visión del Plan Divino!

El poder de la palabra

«Por tus palabras serás salvado, y por tus palabras serás juzgado.»

Cuando una persona entiende cuál es el poder de la palabra, tiene mucho cuidado a la hora de hablar. Está atento frente las reacciones provocadas por sus palabras, pues sabe que lo dicho: «no deberá retornar hacia mí desprovisto, sin que haya realizado lo que deseo y haya cumplido aquello a que lo envié». Los seres humanos crean, por su palabra, muchas leyes a su alrededor. Hace algún tiempo conocí a una persona que siempre decía: «Todos los días pierdo el autobús. Sin importar lo que suceda, el autobús pasa justamente en el momento en que estoy llegando». Por el contrario, su hija decía: «Yo siempre tomo el autobús a tiempo. Normalmente llega al mismo tiempo que yo». Esta situación se repetía todo el tiempo durante años. Cada quien había determinado una ley para sí mismo, una de fracaso y otra de éxito. En este punto hallamos un sustento psicológico para las supersticiones.

Una herradura de caballo y el pelo de un elefante por sí solos no poseen ningún poder, pero son la palabra y la fe —que afirman que traen buena suerte—, las que crean un sentimiento de seguridad dentro del subconsciente y así se atrae la «oportunidad». Con todo, quiero hacer notar que esto no causa efecto alguno en las personas que están más avanzadas espiritualmente y que conocen una Ley más alta.

Lo que diré a continuación lo explica, pues no se puede retroceder y no se deben desviar hacia «imágenes talladas».

Tuve dos alumnos que eran muy exitosos en sus negocios. Pero, pasados algunos meses, súbitamente, todo comenzó a salirles mal. Entre todos nos pusimos a analizar la situación y entonces descubrí que en vez de hacer sus afirmaciones y de encomendarse a Dios para su éxito y prosperidad, habían comparado dos figuras de monos de la «buena suerte». Entonces les dije: «Ah, ahora lo entiendo todo. Ustedes depositan su fe en los monos y no en Dios. Deshdganse de esos monos e invoquen la Ley del Perdón». Ya que el ser humano tiene la capacidad de perdonar, en otras palabras, la de corregir sus propios errores.

Y una vez que decidieron lanzar los monos a la basura, todo empezó a salirles bien. Esto no quiere decir que debamos deshacernos de todos los amuletos de la «buena suerte» que tenemos en casa, sino tener que aceptar que sólo existe un poder único trabajando, Dios, y que tales objetos únicamente nos transmiten un sentimiento de optimismo.

Cierto día, una amiga, que estaba pasando por un momento muy difícil, encontró una herradura de caballo cuando cruzaba la calle. Inmediatamente se alegró mucho y abrigó esperanzas. Estaba convencida de que

Dios le había enviado esa herradura de caballo para darle valor. Y efectivamente, al tomar en cuenta el estado en el que se encontraba, ese hallazgo fue lo único que pudo impresionar su subconsciente. En poco tiempo su esperanza se transformó en fe y, gracias a eso, tuvo una extraordinaria «demostración». Como ya lo había dicho en el ejemplo de los dos hombres, ellos solamente se fiaban de los monos, en tanto que mi amiga había aceptado una fuerza más grande.

Por mi parte, debo admitir que tardé mucho tiempo en rechazar la idea de que cierto objeto siempre me atraía una decepción. Si llegaba a presentarse, sin lugar a dudas, inmediatamente me causaba una decepción. He llegado a entender que sólo existe una manera de cambiar mi subconsciente, y es afirmando: «No existen dos energías, sólo existe una y es Dios. Por consiguiente, no tendré ninguna decepción y este objeto me avisa sobre una grata sorpresa». Pronto noté un cambio y felicidad imprevista.

Un día una de mis amigas me dijo que nadie podría hacerla pasar por debajo de una escalera. Entonces le dije: «Si tienes tanto miedo es porque crees en dos fuerzas, el Bien y el Mal. Sin embargo Dios es absoluto, no existe ninguna fuerza que le sea contraria, a menos que los seres humanos produzcan falsedad y maldad. Para demostrarte que sólo existe un poder único, Dios, y que no hay ni poder ni verdad en el mal, la siguiente ocasión que te encuentres con una escalera pasa por debajo de ella y verás».

Pasado algún tiempo, mi amiga tuvo que ir al banco. Quería abrir su caja fuerte pero había una escalera colocada justo en su camino. Resultaba imposible llegar hasta la caja sin pasar por debajo de la escalera. Muy asustada, mi amiga se fue de ahí. Sin embargo cuando llegó a la calle, resonaron en sus oídos mis palabras y entonces decidió pasar por debajo de aquella escalera. Aunque suena muy sencillo, para ella, realizar ese acto representó un gran esfuerzo, ya que luchó contra años de superstición, durante los cuáles había quedado como rehén de esta idea. Volvió al interior del banco donde estaban las cajas de seguridad y entonces se dio cuenta que la escalera ya no se encontraba en el mismo sitio. Lo que sucedió en ese momento fue que decidió poner un alto a su miedo.

Esta es la ley de la no resistencia, que se comprende muy poco.

Alguien dijo una vez que teniendo el valor se tiene la inteligencia y la magia. Enfrente sin temor cualquier situación que aparentemente sea dañina y verá cómo se esfuma por sí sola, cómo deja de existir. Eso es lo que explica claramente que el miedo a encontrar una escalera fuera, justamente, el motivo por el cual ésta se presentara en su camino, en tanto que el valor la hizo desaparecer. Las fuerzas invisibles trabajan de esa manera y constantemente a favor de los seres humanos que «siempre tiran de los hilos», y sin que ellos mismos lo sepan. Gracias a la fuerza vibratoria de las palabras, aquello que decimos es justamente lo que atraemos. Por ejemplo, las personas que hablan continuamente sobre las enfermedades, invariablemente las atraen.

Cuando nos iniciamos en la Verdad, no vigilamos demasiado las palabras. Una de mis amigas, por ejemplo, frecuentemente me dice por teléfono: «Venga a visitarme para que podamos conversar un poco a la antigua usanza». Ese «conversar a la antigua usanza» implica una hora en la que se dirán entre quinientas y mil palabras negativas, así que el tiempo que dure la charla los principales temas de conversación serán las pérdidas, las carencias, los fracasos y la enfermedad. Por eso siempre le contesto: «No, muchas gracias, esas charlas son muy costosas, y en mi vida ya hay suficiente de eso. Sin embargo estaré muy feliz si conversamos y hablamos sobre lo que deseamos, en vez de hacerlo sobre lo que no queremos».

Existe un antiguo refrán que dice que los seres humanos sólo utilizan la palabra para tres deseos: «curar, bendecir o prosperar». Y justamente lo que una persona diga de otras será lo que digan de él, y aquello que desee para otros, se lo desearán a él.

Si alguien le desea «mala suerte» a alguien más, atraerá sobre ella misma la mala suerte. Si quiere ayudar a otro a alcanzar el éxito, a él también le desearán éxito y así se estará ayudando a sí mismo.

Se pueden renovar y transformar los cuerpos por medio de la palabra si se tiene una visión clara, así la enfermedad se elimina completamente del consciente. La metafísica señala que toda enfermedad tiene una correspondencia mental y antes de curar el cuerpo es preciso curar el alma.

El alma, el subconsciente, es lo que se tiene que «salvar» de los pensamientos nocivos.

El Salmo XXIII dice: «Él restaura mi alma». Significa que el subconsciente, el alma, debe ser regenerado por medio de las ideas adecuadas. El «matrimonio místico» se da entre el alma y el espíritu, es decir, entre el subconsciente y el superconsciente. Es preciso que los dos estén unidos. Cuando el subconsciente está repleto de las ideas perfectas del superconsciente, Dios y el ser humano se vuelven uno mismo. «Mi Padre y yo somos uno».

En otras palabras, el ser humano está unido a Dios en el plano de las ideas perfectas; él está hecho a la imagen y semejanza (imaginación) de Dios, en el plano en el que el poder y dominio sobre todas las cosas creadas le son otorgados, sobre su espíritu, su cuerpo y sus negocios.

Podemos afirmar que toda enfermedad y desventura nacen de la violación de la Ley del Amor. Ahora les doy una nueva afirmación: «Amaos los unos a los otros», pues en el juego de la vida, el amor, es decir, la buena voluntad, triunfa en todos los planos.

El siguiente caso lo demostrará. Una mujer que conozco padecía, desde hacía varios años, de una terrible enfermedad en la piel. Los doctores afirmaban que no tenía cura y ella se encontraba al borde de la desesperación. Esta mujer era actriz, pensaba que se vería forzada a abandonar su carrera, lo peor era que no tenía otra fuente de ingresos. Pero un buen día, le ofrecieron un magnífico contrato y la noche de su debut consiguió un gran éxito. Los periódicos le concedieron muchas críticas satisfactorias y esta mujer, rebosante de felicidad, estaba maravillada. Sin embargo, al día siguiente cancelaron su contrato. Otro actor, celoso de su éxito, consiguió que lo anularan. Fue entonces cuando sintió cómo el odio y rencor se apoderaban de su ser y dijo en voz alta: «¡Oh, Dios mío, por favor no permitas que odie a ese hombre!». Esa misma noche, trabajó «en silencio» durante mucho tiempo.

Tiempo después, me dijo: «No pasó mucho para que entrara en un silencio muy profundo. Creo que ahora estoy en paz conmigo misma, con aquel hombre y con el resto del mundo. Seguí trabajando de la misma manera durante las dos noches siguientes y al tercer día me di cuenta de que mi enfermedad de la piel ya no estaba, ¡me había curado totalmente!».

Cuando solicitó la expresión del amor, de la buena voluntad, había acatado la Ley (ya que el amor es el cumplimiento de la Ley), y la enfermedad (que había nacido de un rencor grabado en el subconsciente) se esfumó.

Criticar incesantemente provoca reumatismos, pues los pensamientos inarmónicos crean en la sangre depósitos ácidos que se colocan en las articulaciones. Los tumores son causados por los celos, el rencor, negarse a perdonar las ofensas, el miedo, etcétera. Todas las enfermedades y dolores son provocados por un estado del espíritu.

Suelo decirles a mis alumnos que: «No se trata de preguntar a alguna persona "¿qué le pasa?", sino "¿en contra de quién está?"». Negarse a perdonar las ofensas es lo que provoca con más frecuencia la enfermedad. Los resultados de todo ello son la esclerosis de las arterias e hígado, así como padecimientos en los ojos. Esa condena se ve acompañada por interminables trastornos.

Cierto día, visité a una mujer que me dijo que estaba enferma por haber comido un ostión en malas condiciones. «Claro que no —le dije—, el ostión era inocuo. La persona que ha dañado la ostra es usted. ¿En contra de quién está?» Y la mujer me respondió: «¡Oh! Aproximadamente en contra de una veintena de personas». Había discutido con diecinueve personas y se había vuelto irascible, ¡así atrajo hacia sí misma el ostión nocivo!

Cuando falta armonía en el exterior es síntoma de una discordancia mental. «El exterior es como el interior». Los únicos enemigos del ser humano se encuentran en su interior. «Los enemigos del hombre estarán en su interior». La personalidad es uno de los últimos enemigos que debemos vencer ya que este planeta está recibiendo su iniciación al amor. Recordemos lo que Jesús dijo: «Paz en la tierra a los hombres de buena voluntad». Una persona sabia trata de superarse ayudando a su prójimo. Trabaja sobre sí mismo, aprende a enviar bendiciones y pensamientos de buena voluntad a cada persona, y lo más hermoso es que cuando se bendice a otro ser humano, éste pierde toda capacidad de dañarnos.

Un hombre acudió a mí para pedirme un «tratamiento» para conseguir éxito en los negocios. Vendía maquinaria y uno de sus competidores aseguraba que tenía mejores aparatos; mi amigo creía que iría a la quiebra. Entonces le dije: «Lo primero que necesitamos hacer es despejar todas sus dudas. Usted tiene que saber que Dios vela por sus intereses y que la Idea Divina debe nacer de esta situación. En otras palabras, aquella maquinaria que sería mejor vender se venderá a la persona correcta». Y añadí: «No albergue ni el más mínimo pensamiento de crítica para este hombre. Durante todo el día envíele bendiciones y, si esa es la Idea Divina, dispóngase a vender su máquina».

Después de esto, y sin albergar el más mínimo resentimiento, sin ninguna resistencia e incluso bendiciendo a su competidor, fue a visitar a su cliente. Al pasar algunos días me contó que el resultado fue bastante bueno para él: nunca se pudo echar a andar la máquina que vendía su competidor, de esa forma él pudo vender la suya sin ningún problema.

«Pero, yo os digo, amad a vuestros enemigos, bendecid a aquellos que os maldicen, haced el bien a aquellos que os odian y rogad por aquellos que os maltratan y que os persiguen.»

La buena voluntad crea una poderosa aura de protección alrededor de aquellos que la fomentan y «toda arma forjada contra ellos no tendrá efecto». En otras palabras, el amor y la buena voluntad aniquilan a los enemigos que están en nuestra contra y, por consiguiente, ¡los enemigos en el exterior no existen!

«La paz reina en la tierra sobre aquellos que envían pensamientos de buena voluntad a los hombres.»

La ley de la no resistencia

«No se oponga al mal. No se deje perturbar por el mal,
pero intente superarlo por medio del bien.»

No hay nada en el mundo capaz de oponerse, con efectividad, a una persona que no se resista en lo más mínimo. Los chinos afirman que el agua es el elemento más poderoso pues no opone ninguna resistencia. El agua consigue penetrar a la roca y hacer a un lado todo lo que se ponga en su camino.

Jesucristo dijo: «No os resistáis al mal», pues él sabe que en realidad no existe el mal y, por consiguiente, no hay ningún motivo para resistirse. El mal procede de la «imaginación superficial» del ser humano, es decir, de creer que existen dos poderes: el Bien y el Mal.

De acuerdo con una antigua leyenda, Adán y Eva comieron el fruto «del árbol Maya de la ilusión» y, de esa forma, creyeron en dos poderes en lugar del único poder: Dios. Por esa razón, el mal es una ley irreal que el hombre ha inventado a causa de un psychome, o sueño del alma, y que implica que los seres humanos están sugestionados por la creencia en el pecado, la enfermedad, la muerte, por el deseo carnal, etcétera, por ese motivo sus negocios y su cuerpo tomaron la forma de sus ilusiones.

En el capítulo anterior vimos que el alma es el subconsciente y que todo lo que los seres humanos sienten profundamente, en bien o en mal, es repetido por su fiel servidor. Su cuerpo y sus negocios personifican lo que había imaginado. El enfermo imaginó la enfermedad; el rico la riqueza; el pobre la pobreza.

Todas las personas se preguntan: «¿Cómo puede ser que un niño pequeño, que todavía es muy joven, atraiga la enfermedad pues él mismo no conoce su significado?». La respuesta es que los niños son muy receptivos y sensibles a los pensamientos de quienes los rodean, por eso, frecuentemente, sólo exteriorizan las creencias de sus padres.

En una ocasión escuché a un metafísico afirmar: «Si usted no puede dirigir por sí mismo su propio subconsciente, cualquier otro se encargará de hacerlo por usted».

Inconscientemente las madres atraen sobre sus hijos la enfermedad y las calamidades, acabándolos crónicamente y observando sus síntomas.

Por ejemplo, una de mis amigas le preguntó a otra mujer si su hijita había padecido rubéola. Esta mujer respondió inmediatamente: «¡Aún no!». Esta respuesta implicaba que esa mujer esperaba que su hija se enfermara, y con esa actitud atraía justamente aquello que no deseaba para ella ni para su hija.

A pesar de esto, si una persona está centrada y situada en la Verdad, solamente tiene pensamientos de buena voluntad hacia los demás y no siente ningún temor, no puede ser tocado, ni será influido por pensamientos negativos que vengan de otras personas. Siempre que se tengan buenos pensamientos, siempre recibirán buenos a cambio.

El Infierno es la resistencia, pues coloca al hombre en un «suplicio constante».

Un día un metafísico me dio una extraordinaria fórmula para garantizarme todos los premios del juego de la vida: la no resistencia. Ese hombre me dijo: «Durante algún tiempo solíamos bautizar a los niños y, lógicamente, los nombrábamos de varias maneras. Actualmente ya no solemos bautizar a los niños, pero bautizamos lo que nos sucede y le damos a cada uno de estos acontecimientos el mismo nombre. Si estoy enfrente de un fracaso, ¡lo bautizo en nombre del Padre, del Hijo y del Espíritu Santo como Éxito!».

Aquí tenemos, creada por la no resistencia, la actuación de la gran Ley de la Transformación. Por medio de su palabra este hombre convirtió en éxito todos sus fracasos.

¿Quiere usted otro ejemplo? Había una mujer que conocía la Ley Espiritual de la Abundancia y que necesitaba dinero, sin embargo todos los días, y sin que pudiera evitarlo, encontraba a un hombre en su negocio cuya presencia le transmitía la idea de pobreza. Él hablaba de carencias, de límites; ella recibía sus pensamientos de mediocridad, aborrecía a este hombre, y lo acusaba de ser el origen de sus fracasos. No obstante, ella sabía muy bien que para manifestar sus recursos divinos, él tenía que percibir primeramente el sentimiento de haber recibido.

La imagen de la opulencia antecede a la manifestación. Súbitamente un día ella se percato de que «insistía» en diferenciar dos poderes en lugar de uno solo. Inmediatamente bendijo al hombre en cuestión y bautizó la situación como un «Éxito». Luego afirmó: «Dado que sólo existe una fuerza, que es Dios, este hombre está aquí para mi bienestar y prosperidad», eso es justamente lo que aparentemente no había ocurrido.

Algunos días después, y por intermediación de ese hombre, ella conoció a una persona que, a cambio de un servicio proporcionado, le dio una enorme cantidad de dinero. En lo que respecta a este hombre, de repente se fue a un pueblo apartado y desapareció de su vida. La mujer dijo: «Todas las personas son un eslabón de oro en la cadena de mi bienestar», ya que toda persona es una manifestación de Dios y tan sólo aguarda la oportunidad, creada por él mismo, de ayudar al Plan Divino proyectado para su vida.

«Bendecid a vuestro enemigo, y desviaréis sus flechas», así se transformarán en bendiciones.

Esta Ley es tan válida para los países como para los individuos. Bendigan a un país, envíenle pensamientos de amor y de buena voluntad a cada uno de sus habitantes y ya no podrán volver a dañarlos.

Únicamente por medio del conocimiento espiritual el hombre puede entender la no resistencia.

Mis alumnos suelen decirme: «Nuestra intención no es ser tapetes». Y yo siempre les digo: «Cuando ayuden con la sabiduría de la no resistencia, nadie será capaz de pisotearlos».

Aquí tienen otro ejemplo: un día esperaba ansiosamente una importante llamada telefónica. Por esa razón me negaba a recibir cualquier otra llamada que entrara y no llamé a nadie por el miedo a no recibir la que yo esperaba.

En lugar de afirmar: «Las Ideas Divinas jamás entran en conflicto, así que esta llamada vendrá a su debido tiempo», y dejar el asunto en manos de la Inteligencia Infinita, yo misma comenzaba a dirigir las operaciones; en otras palabras, comencé a librar mi propia batalla, cuando ésta, en realidad, pertenecía a Dios («la batalla está en el Eterno»).

Estaba muy tensa e inquieta. Durante una hora no se oyó el timbre del teléfono. En ese momento me di cuenta de que estaba descolgado y que no había línea. Mi angustia, miedo y fe que estaban en completo desorden habían tenido como consecuencia un colapso total del teléfono. Entendiendo mi equivocación, rápidamente comencé a bendecir la situación y a bautizarla como «Éxito», afirmando: «No puedo perder ninguna llamada que me pertenezca por Derecho Divino; la gracia de Dios me conduce y no las apariencias».

Entonces una amiga corrió hacia el teléfono más cercano para solicitar a la compañía que restableciera la comunicación. Entró en una tienda repleta de gente, el vendedor dejó a sus clientes y él mismo hizo la solicitud. Mi teléfono fue «arreglado» y tan sólo dos minutos más tarde recibí una llamada muy importante, seguida, una hora más tarde, por la que yo esperaba.

Nuestros barcos regresan sobre un mar en calma (referencia a un conocido dicho inglés). En la medida en que una persona se oponga a una situación, ésta persistirá. Si escapa de ella, siempre la seguirá.

En cierta ocasión hablaba sobre esto con una amiga, y ella me dijo: «¡Ah, qué cierto es lo que estás diciendo! Cuando era joven, nunca me sentí feliz en mi casa, no quería a mi madre, que tenía un espíritu crítico y autoritario; así que me fui de mi casa y me casé, sin embargo cambié a mi madre por mi esposo, que es idéntico a ella y, por esa razón, sigo viviendo en la misma situación».

Haz las paces lo más pronto posible con tu enemigo. Esto significa que: «Es conveniente que la situación sea favorable; no estés inquieta y se irá por sí misma». «Nada de esto me inquieta». Ésta es una maravillosa afirmación.

Las situaciones negativas nacen de un estado discordante en casa de quien las padece. Si dentro de nosotros mismos no hay nada que repita esa discordia, ésta desaparecerá de nuestra vida para siempre. Así somos conscientes de que hemos de trabajar sobre todo en nosotros mismos.

Las personas que consultan suelen pedirme: «Rece para que mi esposo, o hermano, cambie». Yo les respondo: «Claro que no, yo voy a "rezar" para que tú cambies, porque en el momento en que tú cambies, tu marido, o tu hermano, también cambiará».

Tuve una alumna que acostumbraba decir mentiras. Le indiqué que ese hábito la llevaría al fracaso y que, si mentía, también se estaría engañando, a lo que me respondió: «Da igual, de cualquier forma no puedo cambiarlo». En una ocasión estaba hablando por teléfono con un hombre del que se sentía muy enamorada.

Cuando terminó la conversación, se volvió hacia mí y me dijo: «No creo nada de lo que me dice; estoy segura de que me está mintiendo». Entonces yo le dije: «Pues bien, ya que tú sueles mentir, tarde o temprano alguien te mentirá y te convencerás de que aquél que te miente es la persona que más quisieras que te dijera la verdad». Después de un tiempo esa misma alumna me contó: «Me he aliviado de la mentira». Le pregunté: «¿Y qué fue lo que te curó?». Su respuesta fue la siguiente: «Acabo de vivir con una mujer que ¡mentía más que yo!». Normalmente nos curamos de nuestros propios defectos cuando los vemos en los demás. La vida es como un espejo y no vemos a los otros más que en nuestro propio reflejo.

Lo más espantoso es vivir en el pasado y esta actitud también constituye una violación de la Ley Espiritual. Jesucristo afirmó: «El ahora es el tiempo adecuado; ha llegado el día de la Liberación».

Como todos sabemos, la mujer de Lot se transformó en una estatua de sal por haber mirado hacia atrás, cuando se le había dicho que no lo hiciera. Los ladrones del tiempo son el pasado y el futuro.

Resulta adecuado bendecir el pasado y olvidarlo; bendecir el futuro, con la certeza de que vendrán alegrías infinitas y que viviremos plenamente en el tiempo presente.

Pongan atención a esto: una mujer se quejaba conmigo de que no tenía dinero para comprar los regalos de Navidad. «El año pasado todo era distinto: tenía mucho dinero y había dado excelentes obsequios, pero este año lo único que tengo son deudas».

«Mientras no se compadezca de usted misma y siga viviendo en el pasado jamás podrá hacer una manifestación monetaria. Viva plenamente el momento presente y dispóngase a dar regalos de Navidad. Cave sus propios pozos y el dinero surgirá.» «Ya sé lo que es lo que voy a hacer —exclamó ella—. Voy a comprar un hermoso papel y un listón plateado para envolver mis obsequios.» «Hágalo así —le dije—, y los regalos se colocarán por sí mismos en sus envoltorios.»

Dado que la razón decía: «¿Para qué comprar papel para envolver, si seguramente nadie los recibiría?», en esta ocasión, todavía, se tenían que dar pruebas de valor y fe en Dios. A pesar de todo, esta mujer hizo precisamente lo que le había dicho que hiciera, y unos días antes de Navidad recibió un regalo espléndido. El haber comprado ese papel de regalo y el listón, logró impresionar de tal manera al subconsciente y le había abierto tales perspectivas, que éste había despejado el camino a la manifestación del dinero. Y lo mejor fue que esa mujer todavía tuvo suficiente tiempo para hacer sus compras navideñas.

Es fundamental vivir el momento presente. «¡Vive plenamente este día! Ese es el saludo del alba.» En una ocasión yo repetía silenciosamente y sin cesar lo siguiente: «Espíritu Infinito, no dejes que la suerte me abandone», y algo muy importante me fue revelado esa misma noche.

Comenzar el día con las palabras de la Verdad es básico.

A partir del momento en que se despierte, haga una afirmación. Por ejemplo: «¡Que hoy se haga tu voluntad!

Hoy es un día de realizaciones; doy gracias por este día tan perfecto, en el que los milagros aparecerán y los prodigios no se detendrán».

Haga que esto se vuelva una costumbre y usted mismo será testigo de cómo se realizan los milagros, así los prodigios se presentarán en su vida.

Una buena mañana tomé un libro y leí: «¡Mira con asombro a aquel que está enfrente de ti!». Tuve la corazonada de que ese era mi mensaje para el día, y repetí sin parar «¡Mira con asombro a aquel que está enfrente de ti!». A las doce en punto, recibí una enorme cantidad de dinero que estaba deseando para un objetivo específico.

En el siguiente capítulo hablaré sobre las afirmaciones que nos dan los mejores resultados. Pero es necesario recordar que jamás debemos hacer una afirmación si no satisface totalmente nuestra conciencia ni nos parece absolutamente irrefutable; normalmente, se cambia una afirmación para adecuarse a las personas.

La siguiente afirmación ha tenido mucho éxito entre las personas:

«Mi trabajo es maravilloso, proporcionado divinamente, me esfuerzo lo mejor que puedo y mi remuneración es muy buena.».

Las dos primeras frases se las di a uno de mis alumnos y él añadió las dos últimas.

Esta es una afirmación muy poderosa, pues a diario tenemos que hallar el pago perfecto por un servicio perfecto. Resulta sencillo, por otra parte, hacer que los versos penetren en el subconsciente. Mi alumno comenzó a cantarlos mientras trabajaba y poco tiempo después la afirmación se volvió realidad.

Otro de mis alumnos, que se dedicaba a los negocios, decidió cambiar «trabajo» por «negocio». Al día siguiente, halló y cerró uno de los negocios más brillantes, a pesar de llevar varios meses sin actividad.

Cada afirmación debe ser hecha con gran esmero y expresar todo lo que se requiera. Conozco a alguien que necesitaba encontrar trabajo. Hallaba muchos, pero en ninguno le pagaban bien. Entonces pensó que tenía que cambiar su afirmación: «Trabajo lo mejor que puedo y se me paga muy bien por ello».

¡El ser humano, por Derecho Divino, tiene acceso a la abundancia! ¡Tiene derecho a la superabundancia!

«¡Sus graneros deben estar rebosantes, y su copa a punto de derramarse!» Esa es la idea que Dios tiene para los seres humanos, y eso es lo que hará que las murallas de la necesidad, creadas en la conciencia, se derrumben. La Edad de Oro brillará para él y ¡para que cada uno de sus legítimos deseos se realice!

La ley del karma y la del perdón

Los seres humanos sólo reciben lo que dan. El juego de la vida se asemeja a lanzar un bumerán. Justamente lo que una persona piensa, hace o dice, tarde o temprano, acaba por manifestarse con una exactitud que es realmente admirable.

En este punto tocamos lo que se conoce como la Ley Universal del Karma, la palabra karma que significa en sánscrito «regreso». «Lo que una persona siembra, lo cosechará.»

Una amiga mía me contó la siguiente historia, que ilustra a la perfección esta Ley: «Una de mis tías, sin percatarse de ello, me ayudó a librarme de mi karma personal, que consistía en que otra persona repitiera lo mismo que yo decía. Con mucha frecuencia me enfurecía en mi casa, hasta que un día le dije a esta tía —que no dejaba de hablar durante la cena—: "Deja de platicar, quiero cenar en paz".

»A la mañana siguiente, desayunaba con una mujer a la que deseaba causar una buena impresión. Yo conversaba animadamente, hasta que ella dijo: "Deja de hablar, ¡quiero desayunar en paz!"».

Esta amiga en particular ha alcanzado un nivel de conciencia más elevado; por eso, su karma trabaja con más velocidad que el de una persona que todavía está en el plano mental.

Entre más sepamos, las responsabilidades que nos vemos obligados a asumir se multiplican. Aquella persona que conoce la Ley Espiritual y no la practica, soporta las consecuencias. «El miedo al Señor (la Ley) es el inicio de la sabiduría.» Si entendemos que la palabra del Señor quiere decir «Ley», innumerables pasajes de la Biblia se aclararán.

«La venganza es mía, para mí la retribución», dijo el Señor (la Ley). Ésta es la Ley que castiga, no Dios. Dios ve al ser humano perfecto «creado a su propia imagen y semejanza» (imaginación) y dotado «de los poderes de la autoridad».

Esa es, pues, la idea perfecta de los seres humanos, tal y como está registrada en el Entendimiento Divino, aguardando a que las personas la acepten, pues ellas sólo pueden ser aquello que deseen ser, ni más ni menos, y no pueden alcanzar lo que no quieren alcanzar.

Somos testigos de nuestros éxitos o fracasos, nuestra alegría o nuestra tristeza, antes de que éstas salgan de las escenas que están en nuestra imaginación. Hemos visto esta situación en la madre que imagina la enfermedad de su hijo, o la mujer que «desea» el éxito de su esposo.

Jesucristo afirmó: «Conoceréis la Verdad, y la Verdad os hará libres». Por eso aseguramos que la libertad, que nos salva de las situaciones desafortunadas, procede del conocimiento, el conocimiento de la Ley Espiritual.

Antes que la autoridad está la obediencia y la Ley obedece al que la observa. Las Leyes de la electricidad tuvieron que haber sido soportadas antes de que pudieran ser útiles a las personas. La persona que la utiliza con ignorancia, puede estar enfrentándose a un enemigo mortal. Pues en ella se encuentra la Ley del Espíritu.

Hubo una señora que tenía una enorme fuerza de voluntad, anhelaba llegar a ser la dueña de una casa que pertenecía a uno de sus familiares y, constantemente, se visualizaba mentalmente viviendo en aquella casa. Tiempo después, el dueño de la casa falleció y ella la heredó.

Después de muchos años, antes de que llegara a conocer la Ley Espiritual, un día esta mujer me preguntó: «¿Usted cree que yo haya tenido algo que ver con la muerte de esa persona?».

«Sí —le respondí—. Su deseo era tan poderoso que barrió con todo, pero usted ya ha pagado ese karma. Su esposo, al que usted amaba tanto, falleció poco después, y durante muchos años esa casa se convirtió para usted en una especie de "caballo en el establo"».

No obstante, ni el dueño original de esa casa, ni el esposo de esa mujer se habrían visto afectados por su pensamiento, si hubieran estado sujetos firmemente en la Verdad. Lo cierto es que los dos se encontraban bajo los efectos de la Ley Kármica. Si esta mujer se hubiera dado cuenta hasta qué punto deseaba esa casa, tendría que haber dicho: «Inteligencia Infinita, proporcióname la casa que me corresponde, que sea tan hermosa como ésta, la casa que, por Derecho Divino, es mía».

La Inteligencia Divina la habría complacido perfectamente y le habría dado a cada quien su propio bienestar. Lo único con lo que se puede trabajar con la más completa certeza es el Plan Divino. El deseo es una energía muy poderosa. Debe ser encauzado adecuadamente, si no se hace así inmediatamente le seguirá el caos. Ninguna persona debe pedir jamás más de lo que le pertenece por Derecho Divino. Retomando el ejemplo anterior: si esta mujer en cuestión hubiera tenido el hábito mental de afirmar: «Si esta casa que quiero es mía por Derecho Divino, no la puedo perder; si no me corresponde, dame, Señor, su equivalente», si hubiera actuado así tal vez el propietario hubiera encontrado una solución armoniosa (si eso hubiera estado en el Plan Divino), o bien otra casa habría reemplazado a la primera. Cualquier cosa que para manifestarse se vea forzada por la voluntad personal siempre será una «mala adquisición»; por eso, siempre llevará al fracaso.

Los seres humanos han recibido esta afirmación: «Que se haga Mi voluntad, y no la tuya».resulta muy curioso que las personas siempre obtengan lo que desean cuando renuncian a su voluntad personal, permitiendo de esa manera que la Inteligencia Infinita trabaje a través de él.

«Quédate tranquilo y espera en silencio la liberación del Señor (la Ley).»

Hubo otra ocasión en la que una señora vino a verme presa de una gran preocupación, pues se sentía muy angustiada después de haberse enterado que su hija planeaba hacer un viaje que a ella le parecía muy peligroso. Ella me dijo que había empleado todos los argumentos posibles, detallando los peligros que enfrentaría al emprender este viaje, pero su hija se negó a escucharla y se fue.

Le dije a esa mujer: «Usted impone su voluntad personal a su hija, y no tiene ningún derecho de hacerlo; además, su temor sólo provoca que se ese viaje se aproxime, pues los seres humanos atraen hacia ellos mismos aquello que temen».

Y añadí: «Tranquilícese, haga a un lado su influencia mental, deje el caso en manos de Dios y utilice esta afirmación: "Dejo esta situación en manos del Amor Infinito y Sagrado; si este viaje está proyectado en el Plan Divino, lo bendigo y no me opongo más, pero si no está establecido divinamente, doy gracias porque no se realice"».

Tan sólo dos días después, su hija le dijo: «Madre, desisto, no iré a ese viaje», y la situación regresó a su «estado original».

Para los seres humanos aprender «a mantener la calma» es algo que parece muy complicado. Para ver con más detalle esta Ley, lea el capítulo cuatro, que está dedicado a la no resistencia.

Ahora voy a darles otro ejemplo de cómo cosechamos lo mismo que sembramos. Un día una persona me dijo que en el banco le habían dado un billete falso. Estaba muy molesta por el incidente. Se lamentaba diciendo: «El banco nunca aceptará su error». Yo le respondí: «Analicemos la situación y busquemos qué fue lo que atrajo hacia usted ese billete». Esta persona pensó por unos momentos, y dijo:

«Ya lo sé, le mandé a un amigo una moneda falsa para hacerle una broma». Esa fue la razón por la cual la Ley le envió a esa persona el billete falso, pues no sabe lo que son las bromas. Entonces le dije: «Debemos solicitar la Ley del Perdón y anular esta situación». El cristianismo está basado en la Ley del Perdón. Cristo nos ha liberado de la maldición de la Ley Kármica; Cristo está en toda persona y, frente a cualquier situación discordante, cada quien es su propio Redentor y Salvador.

Así pues le dije: «Espíritu Infinito, nosotros llamamos a la Ley del Perdón y te damos gracias por aquella persona (en este caso la mujer) que está bajo la tutela de la gracia y no bajo el peso de la Ley, por eso no puede perder el dinero que, por Derecho Divino, le corresponde».

«Ahora —añadí después—, simplemente vaya al banco y explique, sin ningún miedo, que el billete que ellos le dieron por error era falso.» La mujer siguió mis indicaciones y, para su gran sorpresa, el personal del banco le pidió disculpas y, amablemente, le cambiaron su billete.

De esa manera vemos cómo el conocimiento de la Ley da a las personas el poder de enmendar sus errores. Los seres humanos no pueden forzar el ambiente exterior para que se convierta en algo que ni siquiera son ellos mismos. Si lo que quiere son riquezas, debe estar rodeado de riquezas en su conciencia.

Cierto día, apareció una señora para pedirme un tratamiento para la prosperidad. Sin embargo no tenía ningún interés en su interior, que se encontraba en absoluto caos.

Y sólo le dije: «Si desea ser rica, es preciso que antes se establezca orden en usted misma. Todas las personas que tienen bastas fortunas son ordenados, el orden es la primera Ley del Cielo». Después añadí: «En tanto el orden no reine en usted misma, la riqueza se alejará de usted».

Esta mujer comenzó de inmediato a ordenar su casa, cambió los muebles de lugar, aspiró las alfombras, arregló los cajones y, de ese modo, no pasó mucho antes de que le dieran una importante remuneración monetaria, manifestada bajo la forma de un presente que le diera un familiar. Modificó y administró sus negocios monetarios vigilando lo que los rodeaba, y, actualmente, todo se encamina hacia la prosperidad, pues sabe que Dios es su suministro.

La mayor parte de la gente no sabe que dar es invertir y que atesorar, ahorrar excesivamente, lleva inevitablemente a tener pérdidas.

«Aquel que da con generosidad será más rico que aquel que ahorra en exceso, pues éste lo único que hace es empobrecerse más.»

Les voy a contar la historia de un hombre que quería comprarse un abrigo de piel. Junto con su esposa, este hombre comenzó a buscarlo en muchísimas tiendas, pero en ninguna pudo encontrar lo que buscaba. Todos los abrigos que había visto le parecían de aspecto insignificante. Posteriormente, logró encontrar uno que tenía un valor de mil dólares, pero el dueño de la tienda, que consideraba que la temporada ya estaba muy avanzada, dio permiso para que le hicieran un descuento de 50%, o sea quinientos dólares.

Este hombre tenía aproximadamente setecientos dólares. La razón le decía: «No puedes gastar casi todo lo que tienes para comprar un abrigo». Sin embargo este hombre, que era muy intuitivo, jamás escuchaba a su razón. Miró a su esposa, y le dijo: «Sí, vamos a comprar este abrigo, y voy a realizar un maravilloso negocio». Ella lo aceptó, aunque sin mucho entusiasmo.

Aproximadamente un mes después, el hombre recibió un pedido con un valor de diez mil dólares. Comprar el abrigo le había dado una idea tal de prosperidad que él la había atraído; sin el abrigo, no habría podido realizar ese importante negocio. Fue una inversión que le permitió conseguir enormes ganancias.

Si este hombre no hubiera seguido sus presentimientos, que le aconsejaban gastar o dar, hubiera gastado esa misma cantidad de dinero en otra cosa o de una forma incorrecta, pero no habría podido obtener ningún beneficio por ello.

Una mujer me dijo que había informado a su familia de que celebraría la tradicional cena del día de Acción de Gracias. Tenía suficiente dinero, pero decidió guardar una parte. Algunos días después, un ladrón entró silenciosamente a su habitación y le robó la cantidad exacta de la cena.

La Ley siempre sustenta a aquel que gasta sin temor y con sabiduría.

En cierta ocasión sucedió que una de mis alumnas fue de compras junto con su pequeña sobrina. La niña quería que le comprara un juguete, pero su tía le dijo que no podía permitirse aquel gasto en esos momentos. Rápidamente, se dio cuenta de que estaba aprobando la idea de la pobreza, en vez de consagrarse a Dios, ¡a su providencia!

Así que decidió comprar el juguete, y cuando regresaba a su casa encontró en la calle la misma cantidad de dinero que había usado para comprar el juguete.

Cuando nuestra confianza es absoluta nuestros recursos son infinitos y están garantizados, sin embargo la seguridad y la certeza deben anteceder a la manifestación. «Que sea hecho de acuerdo con tu fe». «La fe es la materia de las cosas que queremos, la prueba de las cosas que no percibimos», ya que la fe mantiene firme la visión, las imágenes negativas se desvanecen y «si no dudamos, cosecharemos en el momento justo».

Jesucristo nos dio la buena nueva (el Evangelio) que enseña una Ley más alta que la Ley del Karma. Y es la Ley de la Gracia o del Perdón. Gracias a esta Ley el ser humano se libera de la Ley de la Causa y el Efecto, de la ley de las Consecuencias. «Por la gracia y no por la Ley».

Se nos enseña que cosecharemos lo que hayamos sembrado y que los dones de Dios se vierten todo el tiempo sobre nosotros. «Todo lo que tiene el Reino está en él.» Este estado de bendición eterna sólo aguarda a aquel que ha podido superar la razón y el pensamiento humanos.

En la mente mortal existen las amarguras, pero Jesucristo dijo: «Ten valor, yo he vencido al mundo».

El pensamiento carnal equivale al pensamiento del pecado, la enfermedad y la muerte. Jesús entendió su total irrealidad y afirmó que enfermedad, congoja e incluso la propia muerte, su último enemigo, se irán y serán vencidos.

Actualmente sabemos, desde el punto de vista científico, que se puede vencer a la muerte si se graba en el subconsciente el convencimiento de la juventud y vida eterna.

El subconsciente es como una energía sin dirección, realiza lo que se le pide sin discutir las órdenes que se le dan. Cuando se trabaja bajo la guía del superconsciente (el Cristo o Dios en el ser humano) se obtendrá la «resurrección del cuerpo».

Los seres humanos no volverán a abandonar su cuerpo en la muerte, sino que se transformará en un «cuerpo eléctrico», como lo cantó el poeta Walt Whitman, ya que el cristianismo está basado en el perdón de los pecados y sobre «una tumba vacía».

Ceder la carga
(grabar al subconsciente)

En el momento en el que los seres humanos llegan a conocer su propio poder y el proceso de su mente, su mayor deseo es encontrar la forma más sencilla y rápida que les permita impresionar a su subconsciente a través de la idea del bien, ya que un conocimiento muy razonado de la Verdad no les daría resultados. Personalmente, he aprendido que la forma más sencilla es «ceder la carga».

Un metafísico hace mucho tiempo explicaba sobre este punto lo siguiente: «Lo que provoca que las cosas tengan peso en la naturaleza, sea esto lo que fuere, es la ley de la gravitación universal. Si fuéramos capaces de llevar una gran masa rocosa a una gran altura, fuera del planeta, dejaría de tener peso».

Y justamente eso era lo que Jesucristo entendía cuando dijo: «Mi yugo es suave y ligera mi carga». Había superado la vibración del mundo y se movía en la cuarta dimensión, donde todo es perfección, obtención, vida y felicidad.

Él dijo: «Venid a mí, vosotros que sufrís y que tenéis problemas, y yo os daré el reposo». Y añadió: «Tomad mi yugo, pues mi yugo es suave y ligera mi carga».

En el Salmo LV versículo 22, se lee de la siguiente manera: «Descarga en el Señor tu peso». Muchos pasajes de la Biblia declaran que la lucha es la lucha de Dios, y de cierta forma la de los seres humanos y que éstos tendrán que «mantenerse siempre tranquilos» y aguardar la liberación del Señor. Esto demuestra con toda claridad que es en el superconsciente (Cristo en nosotros), donde se lleva a cabo la batalla para que el ser humano se vea aliviado de sus cargas.

Entonces vemos que éste infringe la Ley llevando su carga, pues esa carga sólo es que un pensamiento, o un estado negativo, y ese pensamiento, ese estado, tiene su auténtico origen en el subconsciente.

Llegar a dirigir el subconsciente por medio de la conciencia, es decir, por la razón, aparentemente es imposible, pues la razón (el intelecto) se encuentra muy limitada por sus conceptos y está llena de desconfianza y temores.

La postura científica consiste en poner la carga sobre el superconsciente (Cristo en nosotros) donde «se transforma en luz», o bien acaba por esfumarse para retornar a «su nada inicial». Cierta persona que necesitaba urgentemente dinero hizo la siguiente afirmación: «Yo cedo esta carga a Cristo, que está en mí, y de esa forma voy al encuentro de la fortuna».

Su carga era una condición de temor y pobreza; pero la persona que la cede a Cristo, el superconsciente, llena su subconsciente de confianza y riqueza, lo que da como resultado un enorme bienestar. En las Escrituras se lee lo siguiente: «Cristo nos llena de la esperanza de la gloria».

Ahora bien, ponga atención al siguiente ejemplo: en cierta ocasión hubo una persona que le ofreció un piano a una de mis alumnas. Sin embargo mi alumna no tenía un lugar apropiado para colocarlo en su pequeño estudio, su única opción era deshacerse de su viejo piano. Estaba completamente trastornada por esta situación ya que, por un lado, no quería deshacerse de su viejo piano, pues le había tomado mucho cariño, pero por el otro lado, no sabía de qué manera conservarlo. En realidad se sentía muy nerviosa ya que le iban a entregar en muy poco tiempo el piano nuevo. Entonces, se dijo a sí misma: «Yo cedo esta carga a Cristo, que está en mí, y se abrirá un espacio».

Tan sólo pasaron unos momentos después de decir esto, cuando un amigo suyo le llamó por teléfono y le preguntó si estaba interesada en alquilarle su viejo piano. Ella le envió su piano apenas unos instantes antes de que llegara a su casa el nuevo.

En otra ocasión, conocí a una mujer que llevaba sobre sí una carga de rencor. Esta mujer afirmaba: «Cedo esta carga de rencor a Cristo, que está en mí, y camino llena de amor, goce y bienestar».

El superconsciente todopoderoso llenó su subconsciente de amor y, desde ese momento y gracias a esa actitud su vida se transformó totalmente. Durante años, ese rencor la había aprisionado en un estado de zozobra que tenía atrapada su alma (el subconsciente).

Todas las afirmaciones se tienen que repetir constantemente, durante horas, ya sea de manera silenciosa o en voz alta, siempre con serenidad y convicción. Yo suelo compararlo con el acto de grabar una placa fotográfica. Él debe «grabarnos» con la palabra de la Verdad.

A lo largo del tiempo me he percatado que después de cierto tiempo de haber «cedido la carga», nuestra visión se aclara. Allí donde únicamente se discuten las desazones del entendimiento humano, no es posible tener una visión clara. Las dudas y el miedo sólo provocan que el espíritu y el cuerpo se contaminen; entonces, la imaginación se desborda y de ese modo causa los desastres y la enfermedad.

Por medio de la repetición continua de la afirmación: «Yo cedo esta carga a Cristo, que está en mí, y camino con libertad», la visión evoluciona y, simultáneamente, emerge un sentimiento de alivio que, tarde o temprano, sirve para engendrar la manifestación del bien, que es la salud, el bienestar y la felicidad.

Un día una de mis alumnas me preguntó por qué motivo «la oscuridad es más intensa en el momento justo en que amanece». En un capítulo anterior, ya he mencionado el hecho de que, en el momento en que se produce una manifestación importante, «parece que todo va mal» y la conciencia queda como ensombrecida por un sentimiento de desánimo. Cuando aparece este sentimiento quiere decir que las dudas y los antiguos miedos emergen desde lo profundo del subconsciente, y entonces es necesario eliminarlos.

Es en ese momento cuando las personas deben hacer sonar con fuerza sus campanas, como lo hizo Josué, y agradecer por haber sido salvados, incluso si llegara a suceder que aparentemente están rodeados de enemigos (la escasez o la enfermedad). Todavía me preguntó mi alumna: «¿Por cuánto tiempo permaneceremos en la oscuridad?». Yo le respondí: «Hasta que sean capaces de ver en la oscuridad, o bien, hasta que cedamos la carga que nos ha tocado soportar».

Siempre que se quiera grabar el subconsciente, es de vital impotancia tener una fe activa. «Sin obras, la fe está muerta». Este es el punto que me he esforzado por explicar en los capítulos anteriores. «Mandando a una multitud sentarse», antes de dar las gracias por los panes y los peces, Jesucristo dio una prueba de fe activa.

Para señalar la importancia de esa fe, voy a dar otro magnífico ejemplo.

En cierta ocasión una mujer se separó de su marido, al que amaba mucho, a causa de un malentendido. Él hizo a un lado todos los intentos de reconciliación de su esposa y se rehusó a hablar, por cualquier medio, con ella.

Como esta mujer conocía la Ley Espiritual, rechazó la apariencia de esta separación y afirmó: «En el Entendimiento Divino no existe ninguna forma de separación y, por eso, yo no estoy apartada del amor y compañía de quien me corresponde por Derecho Divino».

Todos los días colocaba en la mesa los cubiertos de su marido, como testimonio inapelable de una fe activa, grabando de esa manera, en su subconsciente, la idea de su regreso. Pasó más de un año, y ella seguía teniendo la misma actitud. Un buen día vio que su marido regresaba a su lado.

Continuamente el subconsciente es grabado o impresionado por la música, pues la música es parte de la cuarta dimensión, libera el alma, realiza milagros y nos facilita su ejecución. Ya que de hecho, la fe activa es la base sobre la cual los seres humanos caminan para acceder a su Tierra Prometida.

Una amiga mía enciende todos los días su aparato de música con esta idea. De esa manera, se coloca en un estado de perfecta armonía y libera su imaginación. Otra persona, a la que conozco muy bien, acostumbra bailar mientras hace sus afirmaciones. El ritmo y la armonía de la música así, como de sus movimientos, hacen que sus palabras tengan una fuerza tremenda. Asimismo es beneficioso que el estudiante recuerde no desaprovechar los «pequeños sucesos cotidianos».

Antes de una manifestación, sin lugar a dudas, las «señales de tierra» se presentan.

Cristóbal Colón vio pájaros que llevaban una ramita en su pico antes de llegar a América, lo cual fue una señal irrefutable de que la tierra estaba muy cerca.

Ahora bien, sucede lo mismo cuando se produce una manifestación; lo que pasa es que, frecuentemente, los estudiantes se confunden, toman las señales por la manifestación misma y luego se sienten defraudados.

Por ejemplo, una mujer había «pronunciado la palabra» solicitando una vajilla. Poco después, una amiga le regaló un plato bastante viejo y usado. Esta mujer vino a verme y me dijo: «Yo solicité una vajilla y lo único que recibí fue un plato viejo».

«Este plato viejo —le dije—, sólo es una "señal de tierra"; su vajilla viene en camino. Piense que es como la historia de los "pájaros y las ramitas" de Colón». Y efectivamente, poco tiempo después, esta mujer recibió la vajilla que quería.

«Hacer ver», constantemente, graba el subconsciente. Si vestimos como ricos, si nos sentimos llenos de éxito, «a su debido tiempo lo cosecharemos». Los niños regularmente simulan «ser», pues bien «si uno no se vuelve como un niño pequeño, no ingresará en el Reino de los Cielos».

En una ocasión conocí a una mujer joven y pobre, pero que no lo parecía. Se ganaba el sustento trabajando en la casa de unos amigos ricos, y recibía por ello una paga muy modesta. Sus amigos constantemente le hablaban de los excesivos gastos que tenían y le sugerían ahorrar. Con todo, ella no se ponía a ahorrar y gastaba todo su dinero en frivolidades, ya fuera un sombrero o un regalo; de esa forma, vivía en su propio mundo lleno de encanto. Sus pensamientos siempre estaban colocados en finas prendas de vestir, en cosas bellas, pero nunca tenía celos de otros.

Vivía sumergida en un maravilloso y solitario mundo, en el que las riquezas le parecían verdaderas. Al poco tiempo se casó con un hombre muy adinerado y todas las cosas bellas con las que había soñado acabaron por concretarse.

No estoy muy segura de si su esposo fue escogido por la Selección Divina, pero lo cierto es que la riqueza se manifestó vigorosamente en su vida como resultado de su propia imaginación, que sólo se concentraba en la riqueza.

Para aquella persona que no aleja de su subconsciente todo temor o duda, no hay paz ni felicidad. El miedo es una fuerza encausada erróneamente que debe volverse y transformarse en fe.

Jesucristo dijo: «¿Por qué temes, hombre de poca fe?». «Para aquel que cree, todo es posible». En otra ocasión, una de mis alumnas me preguntó: «¿Cómo puedo eliminar el miedo?». Yo le dije: «Haciéndole frente a lo que la espanta». «La valentía del león se fundamenta en vuestro miedo».

Enfrentemos al león y el miedo se irá; tratemos de huir de él y nos perseguirá.

En los capítulos anteriores expliqué cómo desaparece «el león» de la pobreza cuando las personas usan su dinero sin ningún miedo, demostrando de esa forma que Dios nunca fallaba, ya que era su sustento y abundancia.

Muchísimos de mis alumnos se liberaron de las garras de la pobreza y en estos momentos están en la abundancia, todo gracias a que lograron perder el miedo a gastar. El subconsciente se graba muy bien gracias a esta Verdad de Dios que es a la vez regalo y donante; así, si nosotros estamos unidos a Dios, significa que estamos unidos al regalo. Aquí hay una extraordinaria afirmación:

«Agradezco a Dios, el donante, por Dios, el regalo».

A causa de sus pensamientos de ausencia y necesidad, los seres humanos durante mucho tiempo han estado separados del bien y de sus recursos reales, hasta el punto en que hace falta utilizar explosivos para eliminar esas ideas equivocadas del subconsciente, y los explosivos se presentarán bajo la forma de una significativa situación a enfrentar.

En los ejemplos anteriores, vimos que las personas se liberan por medio de la supresión del miedo.

«Lo que hoy elijas será aquello a lo que servirás», ya sea el temor o la fe. Tal vez su miedo esté provocado por el carácter de otras personas. Si este es el caso, no evada a aquellos a los que teme, vaya tranquilamente hacia ellos y verá cómo se transforman en las «redes de oro, en los eslabones, de su bienestar» o bien se desvanecerán armoniosamente de su camino.

Posiblemente usted tenga miedo a alguna enfermedad, de los gérmenes. Aprenda a ser indiferente a los peligros de infección y se sentirá inmune. Y efectivamente, no es posible contaminarse de nada, a menos que su vibración se encuentre en el mismo nivel que la de los gérmenes y el temor, pues reducen al ser humano a su mismo nivel. No obstante, es importante que quede bien claro que los gérmenes que transmiten la enfermedad son causados por la razón humana, pues todo pensamiento toma forma de algo. En el superconsciente, el Entendimiento Divino, los gérmenes no existen; son el producto de «la pueril imaginación de los seres humanos».

La liberación del ser humano se presentará «en un abrir y cerrar de ojos y en ese momento se dará cuenta de que el mal se ve despojado de sus poderes. En la cuarta dimensión, el mundo material se esfumará y el «mundo de las maravillas» surgirá enseguida.

«Y yo vi un cielo nuevo y una tierra nueva, y no habrá más muerte, ni tristeza, ni lágrimas, ni dolores, pues ¡las cosas pasadas se irán!»

El amor

Toda persona que habita en este planeta siempre está iniciándose en el amor. «Os doy un nuevo mandamiento, que os améis los unos a los otros.» Ouspensky afirmó en su libro Tertium Organum, que el amor es un fenómeno universal que le abre a los seres humanos la puerta a la cuarta dimensión, que es «el mundo de las maravillas».

El auténtico amor es desinteresado y está libre de todo temor. Sin pedir nada a cambio se vierte sobre el objeto de su cariño. Su felicidad radica en la alegría de dar. El amor es Dios que se manifiesta con la poderosa energía magnética del Universo. El amor libre de todo egoísmo, el puro, atrae aquello mismo que le corresponde; no desea ni pide nada.

Ninguna persona tiene, por así decirlo, ni siquiera una remota idea de lo que es el auténtico amor. El ser humano es egoísta, autoritario y cobarde en sus afectos, y, por estas razones, suele perder a la persona que ama.

El peor enemigo del amor son los celos, pues con ellos la imaginación se enciende y empuja al ser amado hacia otro, por eso, y sin lugar a dudas, este tipo de miedos confunden la realidad si no se pueden anular adecuadamente.

Una joven mujer, totalmente desconsolada, vino a verme y me dijo que el hombre al que ella amaba la había dejado por otra, además de decirle que jamás quiso contraer matrimonio con ella. Aquella mujer estaba llena de celos y resentimiento, y me dijo que esperaba que este hombre sufriera tanto como ella estaba sufriendo, y añadió: «¿Cómo pudo abandonar a alguien que lo amaba tanto?».

Entonces le dije: «En realidad usted no lo amaba: lo odiaba». Y añadí: «Si antes no se da, jamás se podrá recibir, dé un amor perfecto y tendrá un amor perfecto. Aproveche este momento para perfeccionarse, dé un amor perfecto, sin egoísmos, sin pedir nada a cambio, no lo juzgue, ni le imponga nada y donde quiera que esté envíele bendiciones».

«De ninguna manera —respondió ella—, yo no lo bendeciré, ¡a menos que sepa dónde está!»

«De acuerdo —le dije—, eso quiere decir que lo que usted siente no es verdadero amor. Cuando sepa lo que es el verdadero amor, éste le será dado por ese hombre, o bien por otro que será su igual, ya que es posible que este hombre no sea su Elección Divina. Si es así, usted no lo amará más. De la misma forma que usted es una con Dios, es una con el amor que le corresponde por Derecho Divino.» Pasaron varios meses y las cosas continuaron como estaban, pero, mientras tanto, esta mujer seguía trabajando meticulosamente sobre ella misma. Yo le dije: «Cuando la crueldad que hay en usted desaparezca, él también dejará de ser cruel, pues usted atrae este sentimiento negativo por sus propias emociones».

Después, le hablé sobre una hermandad de la India en la que sus miembros jamás dicen «Buenos días», sino que utilizan la expresión: «Yo saludo a la divinidad que existe en usted». Ellos saludan a la divinidad que reside en todos los seres humanos y en los animales de la selva, que nunca les causan ningún daño, ya que los miembros de esta hermandad piensan que Dios se encuentra en todo ser vivo.

Luego agregué: «Salude a la divinidad que reside en ese hombre, y repita conmigo: "Sólo veo su ser divino; lo veo tal y como lo ve Dios, perfecto, hecho a su imagen y semejanza"». Algún tiempo después la mujer me comentó que había hallado un nuevo equilibrio y de esa forma pudo eliminar su rencor. El hombre al que ella amaba era capitán y solía llamarlo «Cap».

Cierto día vino a verme y afirmó en voz alta: «Que Dios bendiga a "Cap" donde quiera que se encuentre».

«Ese es el amor verdadero —me adelanté a decirle—. Junto con este sentimiento se cerrará un "círculo completo" y esta situación no se repetirá nunca. Por fin usted conseguirá su amor o atraerá a su equivalente.»

Coincidió que por aquel tiempo me mudé de departamento, y estuve sin teléfono durante una temporada. Por eso no tuve más noticias de ella durante varias semanas. Después, una mañana, recibí una carta suya que decía: «Nos hemos casado».

La fui a visitar enseguida y mis primeras palabras fueron: «¿Cómo fue que él regresó?».

«¡Oh —exclamó ella—, fue un auténtico milagro! Un buen día me desperté con la maravillosa sensación de que todo el dolor había desaparecido. Esa misma noche lo encontré y me propuso matrimonio. Nos casamos una semana después, nunca había visto a un hombre tan enamorado.» Hay un viejo adagio que dice: «Ningún hombre es tu enemigo, ningún hombre es tu amigo, todos los hombres son tus propios maestros.» Es preciso no ser egoísta y tomar de cada persona lo que tenga que enseñarnos; resumiendo: cuando aprendamos las lecciones, alcanzaremos la libertad.

Ese hombre le enseñó a esa mujer lo que era sentir un amor desinteresado por alguien, y que, tarde o temprano, conocerá. Para que los seres humanos se desarrollen completamente no es necesario que sufran. Más bien el sufrimiento es el resultado de desobedecer la Ley Espiritual, sin embargo son pocas las personas que pueden despertar sin sufrimiento del «sueño del alma». Cuando la gente se siente dichosa se vuelve, generalmente, egoísta y, automáticamente, la Ley del Karma comienza a trabajar. Inmediatamente las personas comienzan a tener pérdidas porque les falta la capacidad de ser autocríticas.

Una conocida mía tenía un esposo encantador, y pese a eso ella solía decir: «No tengo nada que reprocharle a mi marido; sin embargo no me agrada el matrimonio, la vida conyugal no me llama la atención».

Esta mujer tenía otros intereses. Difícilmente recordaba que estaba casada. Únicamente se acordaba de su esposo cuando lo veía. Un buen día, él le dijo que estaba enamorado de otra mujer y que por eso había decidido abandonarla. Desconsolada y llena de dolor vino a verme de inmediato.

«Precisamente esto es el resultado de la forma en que ha empleado la palabra —le dije—. Afirmó muy claramente que no le gustaba la vida matrimonial. En consecuencia, su subconsciente trabajó para liberarla.» «Así es —admitió ella—. Ahora lo entiendo. Ya que una consigue lo que desea después no hace otra cosa más que lamentarse.»

No pasó mucho tiempo antes de que aceptara esta situación, pues entendió que ella y su esposo eran más felices separados.

En el momento en que una mujer se vuelve indiferente o constantemente reprocha a su esposo, deja de ser una inspiración para él; y éste, despojado de la felicidad de los primeros días de su unión, se siente abandonado y desdichado.

Cierta ocasión un hombre abatido, desdichado y pobre vino a verme. Su mujer, que sentía inclinación por las «Ciencias de los Números», había realizado un estudio sobre un tema numérico. Y el resultado de dicho estudio no era propicio para este hombre, y me explicó: «Mi mujer me dijo que jamás llegaré a ningún sitio porque soy un "dos"».

Entonces le dije: «El resultado de dicho estudio me tiene sin el menor cuidado. Usted es una idea perfecta del Entendimiento Divino, y nosotros le solicitaremos todo el éxito y prosperidad que le corresponden de acuerdo con lo establecido por la Inteligencia Infinita».

En tan sólo unas cuantas semanas, este hombre se encontraba en una situación inmejorable y, uno o dos años después, alcanzó un éxito fabuloso como hombre de letras. Nadie puede alcanzar el éxito en los negocios si no los ama. El lienzo en el que el pintor trabaja por amor al arte es el más hermoso de todos. Las cosas que sólo sirven para hacer «hervir la olla» siempre hay que desaconsejarlas.

Nadie puede atraer el dinero si lo repudia. Muchas personas que no pueden salir de su pobreza dicen: «No me importa el dinero, yo no tengo ningún respeto por los que lo tienen». Y esta es la razón por la cual una gran cantidad de artistas son pobres, porque desprecian el dinero y, entonces, éste se aparta de su camino.

Recuerdo que una vez escuché que un artista le decía a otro: «Ése es un artista que no vale, pues tiene una enorme cuenta en el banco». Esta actitud mental es lo que aleja a las personas de sus riquezas. Para atraer alguna cosa, sin importar lo que sea, es preciso estar en armonía con ella.

El dinero es una manifestación de Dios que nos libra de las carencias y las limitaciones, pero tiene que estar en constante circulación y ser empleado adecuadamente. Acaparar y ahorrar atraen resultados muy desagradables.

Sin embargo, esto no quiere decir que no se puedan tener propiedades, terrenos, acciones y préstamos, ya que «los graneros de los justos siempre estarán repletos»; pero no debemos guardar el dinero si se nos presenta alguna ocasión para usarlo, o si lo necesitáramos para algo.

Al dar libre circulación al dinero que poseemos, sin temor y alegremente, el camino que atraerá estará más libre, pues Dios es nuestra más segura e infinita riqueza.

Esta es la actitud espiritual correcta que debemos tener en lo que respecta al dinero y al Gran Banco del Universo. ¡Jamás fallará!

La película titulada Greed (avaricia) es un maravilloso ejemplo de codicia. La protagonista de la historia ganó cinco mil dólares en la lotería, pero no quería malgastarlos. Por eso acumuló y guardó mucho dinero, y dejó que su marido sufriera y pasara hambre, finalmente él acabó por buscar comida en la basura para poder subsistir.

Amar de esa forma el dinero, la colocó en el sitio más ruin de todos. Hasta que una noche, ella fue asesinada y le robaron todo su dinero.

Este es un buen ejemplo en el que «el amor por el dinero es el principio de todos los males». En sí mismo el dinero es bueno y útil, pero cuando es utilizado con fines destructivos, cuando es acumulado y acaparado, o bien cuando se cree que es más importante que el amor, se transforma en una auténtica causa de enfermedades, de tristeza y, finalmente, de la pérdida del propio dinero.

Si usted sigue el camino del amor, todo lo demás le será dado por añadidura, ya que Dios es Amor, y Dios es la verdadera riqueza; por el contrario, si sigue el camino del egoísmo y de la codicia, la riqueza se esfumará, o bien, usted mismo se verá alejado de ella.

Sé del caso de una mujer muy adinerada, que ahorraba todas las ganancias que conseguía. Era muy raro que hiciera alguna donación; por el contrario, compraba desenfrenadamente toda clase de objetos. Tenía una especial atracción por los collares. Un día una de sus amigas le preguntó cuántos tenía. Ella respondió: «Sesenta y siete». Los compraba y los depositaba en cualquier sitio, probablemente envueltos en papel de seda. Eso no tendría ningún problema si los utilizara, incluso sus roperos estaban repletos de ropa que jamás usaba; pero ella infringía la Ley de la Circulación.

Paulatinamente los brazos de esta mujer se fueron deteriorando porque se apegaba férreamente a todos estos objetos. Después de poco tiempo se consideró que era incapaz de manejar su dinero y le fue retirado. Este es otro buen ejemplo de cómo se provoca una pérdida por desconocimiento de la Ley.

Todo padecimiento y tristeza tienen su origen en la violación de la Ley del Amor. Los bumerán del rencor, odio y crítica regresan contra nosotros mismos en forma de enfermedad y dolor. El amor es como un arte olvidado, pero aquella persona que entiende la Ley Espiritual sabe que debe recuperarlo, ya que sin amor, él mismo se transforma en «una campana que repica».

Por ejemplo, una de mis alumnas trabajó conmigo durante muchos meses para liberar su consciente del resentimiento. Logró llegar hasta un punto en el que sólo odiaba a una sola persona. Liberarla completamente era algo muy difícil de conseguir. No obstante, y de forma gradual, mi alumna fue encontrando el equilibrio y la armonía que necesitaba, y un día todos sus resentimientos se esfumaron.

Ese día ella llegó totalmente feliz a mi casa y dijo:

«¡Usted no tiene idea de lo que me ha sucedido! La persona a la que yo odiaba tanto me dijo algo muy desagradable y, en vez de dejarme llevar por mi enojo, me mostré amable y llena de amor; entonces, ella me pidió disculpas y ¡fue totalmente encantadora conmigo! ¡Nadie puede saber lo bien que me siento en estos momentos!».

En las cuestiones humanas el amor y la buena voluntad son de un enorme valor. Cierto día una oficinista vino a consultarme pues, según ella, su jefa era fría, muy criticona y sin amor.

«De acuerdo —le aconsejé—, lo que usted tiene que hacer es saludar a la divinidad que hay dentro de ella y mándele pensamientos de amor.»

Entonces me respondió: «Eso es imposible, es una mujer de mármol».

«¿Conoce usted la historia del escultor que pidió un bloque de mármol específico? —le contesté—. Cuando le preguntaron por qué necesitaba concretamente ese bloque él respondió: "Porque dentro de ese mármol hay un ángel", y pudo crear una extraordinaria obra de arte con él.» «Muy bien —dijo la oficinista—, lo intentaré.» Una semana después, regresó y me dijo: «Hice lo que usted me recomendó y pude comprobar por mí misma que mi jefa es en realidad muy amable; incluso fui a pasear con ella en su automóvil».

Muchas personas, y a veces durante muchos años, guardan una gran cantidad de remordimientos porque le hicieron daño a alguien. Si llega a suceder que este daño no se puede enmendar, sus efectos pueden ser contrarrestados haciendo el bien a otra persona en el presente.

«Si hago algo, olvidando lo que ya pasó, me dirijo al porvenir.»

Los remordimientos, la tristeza y las lágrimas dañan las células del cuerpo y contaminan la atmósfera que rodea a la persona. En una ocasión, una señora que pasaba por una etapa de profunda tristeza, me dijo: «Ayúdeme para que pueda sentirme feliz y contenta, pues mi tristeza hace que me vuelva irascible con mi familia y, automáticamente, recibo los golpes del karma.»

Entonces, me pidió que la tratara como si fuera una madre que llora por su hija. Yo rechacé toda idea de pérdida y ausencia, y afirmé que Dios era la dicha de esta mujer, su amor y armonía. Inmediatamente ella recobró su equilibrio, y en muy poco tiempo su propio hijo vino a decirme que interrumpiera el tratamiento, ya que en esos momentos ella se sentía llena de felicidad.

Este es otro ejemplo de la forma en que el entendimiento mortal se aferra a sus propios lamentos y sufrimientos.

Recuerdo cómo un miembro de mi familia no dejaba de alardear sobre las tristezas que tenía a su alrededor, hasta que llegó a un punto en el que siempre había algo que lo abrumara. En otro tiempo, si una mujer no cuidaba de sus hijos adecuadamente, cargaba con la imagen de mala madre.

Actualmente sabemos muy bien que las lamentaciones incesantes de las madres son, justamente, la verdadera causa de las enfermedades y accidentes que les suceden a sus hijos. Los temores crean una poderosa imagen de enfermedad o la de la situación temida y si estas imágenes no son anuladas adecuadamente, acabarán por manifestarse.

Bienaventurada aquella madre que puede afirmar con sinceridad que deja a su hijo en las manos de Dios, sabiendo, por consiguiente, que él está protegido divinamente. De esa forma ella proyecta un tipo de fuerza protectora alrededor de su hijo.

Hubo una ocasión en que una mujer se despertó bruscamente a mitad de la noche, intuyendo que su hermano se encontraba en un terrible peligro. Sin embargo, en vez de dar valor a sus miedos, recurrió a la Verdad y se dijo a sí misma: «El ser humano es una idea perfecta del Entendimiento Divino y siempre está en el lugar que le corresponde; por eso, mi hermano está en el sitio adecuado, protegido divinamente».

A la mañana siguiente se enteró con sorpresa que su hermano había pasado muy cerca de una mina, y que había causado una enorme explosión, de la que él se había salvado afortunada y prodigiosamente.

Esa es la forma en que nosotros mismos nos convertimos en los protectores de nuestros hermanos (por el pensamiento) y cada quien debe saber que el objeto de su cariño «se encuentra en las Alturas, y descansa a la sombra del Todopoderoso».

«Quien no espera ningún mal, no le sucederá ninguno.»

«El amor perfecto rechaza el miedo. Aquel que tiene miedo no es perfecto en el amor.»

En conclusión:

«El amor es el acatamiento de la Ley».

Presentimiento, dirección

«En cualquier camino que tomes
reconócele y él te guiará.»

Para aquella persona que entiende el poder de su palabra y que sigue los consejos de sus presentimientos o intuiciones no hay nada que no sea posible. Por medio de la palabra hace que las fuerzas invisibles se accionen y puede regenerar su cuerpo y cambiar sus negocios.

Por esa razón es de vital importancia elegir las palabras adecuadas, decretos y afirmaciones que vamos a proyectar en lo invisible.

Quien se dedica al estudio de la Ley Espiritual sabe que Dios es su bienestar, que la abundancia divina responde a todas las peticiones y que la palabra le permite emerger.

«Solicitad y recibiréis.»

Los seres humanos tienen que dar el primer paso.

«Acércate a Dios y él se acercará a ti.»

Cuando alguien me pregunta qué es lo que se tiene que hacer para que algo se manifieste, le respondo:

«Pronuncie la palabra adecuada, y no haga nada hasta que tenga una dirección concreta».

Para esto tiene que pedir una señal, entonces diga:

«Oriéntame Espíritu Infinito, hazme saber si existe algo que tenga que hacer».

La respuesta llegará en forma de presentimiento, el consejo de alguien, quizá entre las páginas de un libro, etcétera. Muchas veces las respuestas resultan sorprendentes en cuanto a su precisión. Por ejemplo, una mujer quería obtener una enorme cantidad de dinero. Ella pronunció las siguientes palabras: «Espíritu Infinito, despeja el camino que traerá hacia mí la abundancia, que todo lo que me corresponde por Derecho Divino aparezca en el acto con exuberancia». Luego, añadió: «Dame una indicación precisa, hazme saber de cualquier cosa que yo necesite hacer». Enseguida apareció en su cabeza este pensamiento: «Dale a cierta amiga (que le había ayudado espiritualmente) cien dólares». Pero tuvo otro que le decía: «Espera a recibir otra indicación antes de hacerlo». Esperó, y entonces, en ese mismo día, encontró a una conocida que, en el curso de una conversación, le contó: «Hoy he dado un dólar a una persona, para mí es lo mismo que si usted hubiera dado cien».

Ésta era una buena indicación; ella estaba segura de que tenía razón en lo de dar los cien dólares. Esta donación se reveló como un empleo excelente, pues poco tiempo después le llegó, de una manera sorprendente y extraordinaria, una suma grande de dinero.

Dar es lo que abre la puerta para recibir. Para crear una verdadera actividad en los asuntos financieros, hay que dar. El diezmo, es decir, la ofrenda de la décima parte de los ingresos, es una vieja costumbre judía que jamás ha dejado de suscitar la abundancia. Son muchos los que, entre los más ricos de este país, tienen la costumbre de ofrecer el diezmo. No conozco ninguna otra inversión mejor que ésta.

Recuperamos esta décima parte bendecida y multiplicada. Pero la donación deberá ser hecha con amor y alegría, pues «Dios ama al dador alegre». Las facturas deben ser pagadas voluntariamente; todo dinero debe ser entregado sin miedo y será acompañado por una bendición.

Esta actitud de espíritu convierte al hombre en dueño del dinero, que entonces se convierte en su servidor y la palabra que pronuncia abre las vastas reservas de la riqueza. Es el hombre mismo quien, debido a su visión limitada, limita su abundancia.

A veces un estudiante que ha logrado una gran realización de riqueza, tiene miedo de actuar. La visión y la acción deben caminar juntas, como en el caso del señor que deseaba comprar el abrigo de piel.

Una consultante vino a pedirme que «pronunciara la palabra» en favor de una situación determinada. Yo le dije: «Espíritu Infinito, abre la vía para la situación que convenga a esta persona».

No pida jamás «una situación», sino la situación justa, es decir, aquella que ya está preparada en el Plan Divino, pues sólo ella podrá proporcionarle satisfacción.

Luego di gracias por aquello que ya se había recibido y para que la situación se manifestara rápidamente. Poco después, a esa persona le fueron ofrecidas tres oportunidades, dos en Nueva York y otro en Palm Beach, y ella no sabía con cuál quedarse.

Yo le dije:

«Pida una dirección precisa».

La fecha límite para la respuesta estaba a punto de caducar y ella no había tomado todavía una decisión.

Entonces, un día me llamó: «Desperté esta mañana —me dijo—, y tuve la impresión de sentir el perfume de Palm Beach». Ella ya había estado allí en el verano y conocía su aire embalsamado.

«En tal caso —le respondí—, ahí tiene con seguridad la indicación que tanto esperaba.» Así pues, aceptó lo que le ofrecieron, la cual, a su vez, le fue extremadamente favorable, en consonancia con las directrices que surgieron en un momento inesperado.

Un día caminaba por la calle cuando, súbitamente, decidí dirigirme a una determinada panadería que se encontraba un poco lejos de donde me hallaba en aquel momento.

La razón me decía: «No hay nada en esta panadería que puedas necesitar».

Sin embargo, decidí no ponerme a razonar, y me fui para allá. Cuando llegué, observé a mi alrededor y me pareció que, en realidad, no necesitaba nada. Pero, de repente, encontré a una señora en la que había estado pensando y que necesitaba una gran ayuda que yo podía ofrecerle.

Así pues, cuando se busca una cosa a menudo se encuentra con otra. La intuición es una facultad espiritual que no tiene explicación, pues no hace más que enseñar el camino.

Con frecuencia se recibe una dirección durante un «tratamiento». La idea que surge puede parecer incongruente, pero ciertas directrices de Dios son «misteriosas».

En la jornada de un curso, un buen día me encontraba dedicada a efectuar «tratamiento» para que cada estudiante recibiera una indicación bien definida. Después del curso, una alumna vino a decirme: «Mientras usted "trataba", yo tuve la idea de sacar mis muebles del garaje y de alquilar un apartamento».

Y sin embargo había acudido a verme por un problema de salud. Yo le dije que si tuviera un hogar, su salud estaría mejor y añadí: «Creo que su enfermedad, que es digestiva, proviene del hecho de que usted deja todas sus cosas de lado. La congestión de las cosas provoca la congestión del cuerpo. Usted ha violado la ley de la circulación y su cuerpo paga ahora las consecuencias».

Después, di gracias de que «el Orden divino se hubiera vuelto a restablecer en su espíritu, en su cuerpo y en sus asuntos».

No sabemos hasta qué punto los asuntos actúan sobre la salud. Toda enfermedad comporta una correspondencia mental. Una persona puede curarse instantáneamente cuando comprende que su cuerpo es una idea perfecta del Entendimiento Divino y, en consecuencia, que está sana y es perfecta. Pero si continúa pensando de una manera destructiva, si es avara, si odia, si teme, si condena, la enfermedad se reproducirá.

Jesucristo sabía que toda enfermedad proviene del pecado. Después de haber curado a un leproso, le dijo:

«Ve y no peques más por temor a que un mal mayor te aflija».

Así es, el alma (el subconsciente) debe ser lavada y volverse blanca como la nieve para que la cura sea permanente. Los metafísicos hacen profundos sondeos para descubrir esa clase de «correspondencias». Jesucristo dijo: «No juzgues a fin de no ser juzgado». Muchos atraen la enfermedad y la tristeza cuando condenan a los otros. Aquello que el hombre desea para el prójimo, eso es lo que atrae para sí mismo.

Una amiga vino a verme llena de cólera y de dolor porque su marido la había abandonado por otra. Mi amiga censuraba a esta mujer y repetía sin parar: «Ella sabía que él era casado y no tenía el derecho de aceptar los galanteos de él».

Yo le respondí: «Deja ya de condenar a esa mujer. En lugar de eso, bendícela y termina con esta situación, porque si no lo haces atraerás lo mismo sobre ti».

Ella hizo oídos sordos a mis palabras y uno o dos años más tarde ella misma se enamoró de un hombre casado.

Cuando se critica o se condena, es como si el hombre estuviese enchufado a un cable de alta tensión. Lo mínimo que puede esperar es un calambrazo. La indecisión es una piedra, un obstáculo en su camino. Para superarla, repita sin cesar: «Yo siempre tengo la inspiración directa, y tomo rápidamente las buenas decisiones».

Estas palabras impresionan el subconsciente y no se tarda en encontrar la actitud alerta y verse despojado de toda duda. Aprendí que puede ser nefasto buscar esta dirección en el plano psíquico, pues en este plano hay numerosos espíritus y no un Espíritu Único.

A medida que el hombre abre su espíritu a la subjetividad, se convierte en blanco de las fuerzas destructivas. El plano psíquico es el resultado del pensamiento mortal, es el plano de las «oposiciones». En él recibimos mensajes tanto buenos como malos. La ciencia de los números, los horóscopos, mantienen al hombre en el plano mental (o mortal), pues no se ocupan más que de la vía kármica.

Conozco a un señor que, según su horóscopo, debería estar muerto desde hace algunos años. Él se encuentra bien, y dirige uno de los mayores movimientos de su país, para el bien de la humanidad.

Para neutralizar una predicción nefasta, hay que poseer una gran fuerza mental. El estudiante debe declarar: «Toda predicción falsa será inhabilitada; todo plan que no viene de mi Padre celeste será eliminado y se disipará; la idea divina se realiza ahora».

Sin embargo, si recibimos un buen mensaje, un mensaje que anticipe la felicidad o la fortuna, debemos acogerlo y esperar su realización, lo que contribuirá a producir su manifestación.

La voluntad humana debe servir para sostener la voluntad divina. «Yo quiero que la voluntad de Dios sea hecha.». La voluntad de Dios es conceder a cada uno los deseos legítimos de su corazón, y la voluntad del hombre debe ser empleada para mantener, sin la menor vacilación, una visión que debe ser perfecta.

El Niño Prodigio declaró: «Yo me levantaré e iré en dirección a mi Padre».

A veces es necesario realizar un esfuerzo de voluntad para abandonar las «algarroba y los cerdos» del entendimiento humano. Para el común de los mortales es mucho más fácil temer que tener fe: la fe es un esfuerzo de la voluntad.

Al despertar a la espiritualidad, el hombre reconoce que todo lo que se halla en discordancia a su alrededor se corresponde con una desarmonía mental. Si el hombre tropieza y se cae, siempre puede decir que tropezó y cayó debido a su propio entendimiento.

Un día, una de mis alumnas salió por la calle, sumida en unos pensamientos en los que se dedicaba a condenar a alguien. Se decía a sí misma: «Esta mujer es la más desagradable de la tierra». Entonces, bruscamente, tres scouts aparecieron repentinamente tras dar la vuelta a una esquina y la hicieron caer al suelo. Ella no hubiera querido que eso sucediera así, pero inmediatamente apeló a la ley del perdón en un «saludo a la divinidad» que había en aquella otra señora.

Las vías de la sabiduría son vías agradables y llenas de paz.

Cuando se hace una llamada al Ser Universal, hay que esperar sorpresas. Todo puede parecer que va mal, pero en realidad todo va bien.

Una estudiante aprendió que no hay pérdida en el Entendimiento divino y que, consecuentemente, ella no podría perder aquello que le pertenecía, y en caso de pérdida recibiría su equivalente.

Unos años antes, esta persona perdió dos mil dólares. Había prestado ese dinero a un pariente, que murió sin hacer mención del préstamo en su testamento. Esta alumna se sentía llena de amargura y de cólera pues no tenía ninguna prueba de que se hubiera producido esta transacción. Decidió negarse a aceptar la pérdida y pidió dos mil dólares a la Banca del Ser Universal. Comenzó por perdonar a su familiar, pues el rencor y el rechazo a perdonar cierran las puertas de este banco maravilloso. Ella afirmó: «Niego esa pérdida; no hay pérdida alguna en el Entendimiento Divino. En consecuencia, no puedo perder estos dos mil dólares que me pertenecen por derecho divino. Cuando una puerta se cierra, otra puerta se abre».

Esta mujer vivía en un piso de un edificio que estaba en venta; el contrato tenía una cláusula por la que se estipulaba que si la casa se ponía en venta, los inquilinos se verían obligados a mudarse en el término de noventa días.

Bruscamente, el propietario hizo un nuevo contrato y aumentó los alquileres. De nuevo la injusticia surgió ante su camino, pero esta vez ella no se alteró. Bendijo al propietario y se dijo a sí misma: «Este aumento del alquiler significa que yo seré más rica, pues Dios es mi riqueza».

Los nuevos contratos establecieron los nuevos alquileres, pero, debido a un error providencial, la cláusula de los noventa días fue omitida. Poco después, el propietario tuvo la ocasión de vender su casa. Gracias al error cometido en los nuevos contratos, los inquilinos pudieron quedarse en los pisos que ocupaban durante un año.

El gestor ofreció a cada uno de ellos doscientos dólares para que se marchasen. Muchas familias se cambiaron, y otras tres se quedaron, incluida la señora en cuestión. Transcurrieron uno o dos meses. El gestor volvió a ponerse en contacto con los inquilinos. En esta ocasión, le propuso a mi amiga: «¿Usted aceptaría la cuantía de mil quinientos dólares?». En ese mismo instante, ella se dio cuenta de lo que ocurría: «¡Mira por dónde, aquí están mis dos mil dólares!». Ella se dirigió a sus vecinos que todavía vivían en el mismo edificio: «Actuaremos juntos si nos quieren echar». Su dirección consistió, por lo tanto, en consultar con sus vecinos. Ellos declararon: «Si le ha ofrecido a usted mil quinientos dólares, con seguridad nos darán dos mil dólares a cada uno». Y así fue, en efecto, ella recibió un cheque de dos mil dólares a cambio de su marcha.

Este hecho es una gran demostración de la ley, la injusticia aparente no pudo sino abrir la puerta a la demostración. Esto demuestra que no hay pérdida y que cuando el hombre actúa según la ley espiritual, obtiene todo aquello que es de él en el gran Depósito del Bien.

«Yo te devolveré los años destruidos por las langostas.» Las langostas no son más que las dudas, los miedos, los resentimientos y las lágrimas del entendimiento mortal. Por sí solos, estos pensamientos adversos pueden terminar por destrozar al hombre, pues «ninguno da al hombre sino él mismo, y nadie le roba sino él mismo».

Nosotros estamos aquí para hacer la prueba de Dios y «para dar testimonio de la Verdad», puesto que sólo nosotros podemos demostrar que Dios hace surgir la riqueza de la penuria y la justicia de la injusticia.

«Ponedme a prueba —dice el Eterno a la muchedumbre—. Y veréis si no abro para vosotros las compuertas de los cielos, si no derramo sobre vosotros una bendición tal que no tendréis lugar para guardarla» (Mal. III, 10).

La perfecta expresión de sí mismo o el designio divino

«Ningún viento puede extraviar mi barca
ni cambiar el curso de mi destino.»

Para todo hombre existe una perfecta expresión de sí mismo. Hay un sitio que él debe ocupar y que nadie podrá ocupar en su lugar; hay cosas que él mismo debe hacer y que nadie podrá hacer por él, ése es su destino. Esta idea perfecta, mantenida en el Entendimiento Divino, espera a que el hombre la reconozca. Pues la facultad de la imaginación es una facultad creadora, necesaria para que el hombre perciba la idea antes de que ésta sea realizada.

Así pues, el llamamiento más elevado que puede recibir el hombre se refiere al designio divino de su vida. Es posible que no se tenga ni la menor idea de ello, pero lo cierto es que puede tener, profundamente escondido en sí mismo, algún talento maravilloso.

Su llamamiento deberá ser: «Espíritu Divino, abre la vía para que se le manifieste el designio divino de mi vida; que el genio que existe en mí sea liberado; que pueda comprender con toda claridad el Plan Perfecto».

El Plan Perfecto comprende la salud, la fortuna, el amor y la perfecta expresión de sí mismo. Ahí está la cuadratura de la vida que trae consigo la felicidad perfecta. Después de haber hecho este llamamiento, grandes cambios pueden producirse en la vida de una persona, pues todos los hombres están lejos del designio divino.

Conozco el caso de cierta persona que parecía como si un ciclón hubiera devastado todos sus asuntos, pero éstos se reorganizaban rápidamente y nuevas y maravillosas condiciones no tardaban en sustituir a las viejas.

La expresión perfecta de sí mismo no se manifestará nunca como una tarea ingrata, pero tendrá un interés tan absorbente que parecía como si se tratara de un juego. Aquel que se inicia a la verdad también sabe que al penetrar en el mundo donde Dios dirige las finanzas, la riqueza necesaria para su más perfecta expresión estará al alcance de su mano.

Más de un genio ha tenido que pasar durante años por problemas financieros, pero aquellos que pronuncien la palabra con fe liberarán rápidamente los fondos necesarios.

¿Quieren ver un ejemplo de ello? Después de un curso, un estudiante acudió a verme y me enseñó un centavo. Entonces me dijo: «Sólo tengo siete centavos, y le daré uno a usted, pues tengo fe en el poder de su palabra; le pediré que pronuncie la palabra para mi perfecta expresión y mi prosperidad».

Así pues, «pronuncié la palabra» y no volví a saber nada de él durante un año. Finalmente, regresó un día con aspecto de sentirse perfectamente feliz, en pleno éxito, con una cartera llena de billetes. Me dijo en seguida: «Después de que usted pronunciara la palabra, me apareció una oportunidad en un pueblo y encontré la salud, la felicidad y la riqueza».

Para una mujer, la expresión perfecta puede venir del hecho de ser una esposa notable, una madre ideal, una ama de casa realizada, sin seguir necesariamente una carrera brillante.

Pida directrices nítidas y el camino le será trazado, con facilidad y lleno de éxito.

No debemos «representarnos», ni forjarnos una imagen cuando pedimos que el designio divino penetre en nuestra conciencia; recibimos la clara inspiración y empezamos a ver cumplidas grandes cosas. Ahí está la imagen o la idea a la que es conveniente atenerse sin la menor vacilación. Aquello que el hombre busca también al hombre. ¡El teléfono buscó a Bell!

Los padres jamás deberían imponer sus carreras o sus profesiones a sus hijos. Conociendo la Verdad Espiritual, ya en los primeros años de la vida del niño, o incluso antes de su nacimiento, deberían pronunciar la palabra para que se realice el Plan Divino.

Un tratamiento prenatal debería hacerse de la siguiente manera: «Que Dios que está en este niño se exprese perfectamente; que los designios divinos para su espíritu, su cuerpo y sus asuntos se manifiesten durante toda su vida, durante toda la Eternidad».

Que la voluntad de Dios sea hecha y no la del hombre; según el modelo de Dios y no el del hombre. Este es el mandamiento que encontramos constantemente en las Sagradas Escrituras, y trata de la Ciencia del Espíritu y se enseña al hombre a liberar su alma (el subconsciente) de la esclavitud.

Las batallas que se describen en la Biblia representan las luchas del hombre contra los pensamientos mortales. «Los enemigos del hombre serán aquellos de su propia casa.» Todo hombre es Josué y todo hombre es David que vence a Goliat (el pensamiento, el entendimiento mortal) gracias a una pequeña piedra blanca (la fe).

Así, el hombre debe vigilar para no ser un «mal servidor» que entierra su talento, para no servirse de aquellos dones que entrañan terribles penalidades.

Con frecuencia, el miedo impide al hombre expresarse correctamente. El «miedo» ha atormentado a más de un genio; pero el miedo puede superarse por medio de la palabra pronunciada o por el «tratamiento»; el individuo pierde toda la conciencia de sí mismo y siente solamente que hay sólo un medio para expresar la Inteligencia Infinita. Se encuentra entonces bajo la inspiración directa, liberado de todo miedo, lleno de confianza, pues siente al «Padre que hay en él» y que actúa.

Un joven asistía con frecuencia a mi curso, en compañía de su madre. Me pidió que «pronunciara la palabra» para un examen al que iba a tener que someterse.

Yo le aconsejé que hiciera esta afirmación: «Estoy unido a la Inteligencia Infinita; sé todo lo que debo saber sobre esta asignatura»; poseía excelentes conocimientos de historia, pero no estaba muy seguro de sus conocimientos en aritmética. Tuve la ocasión de verle poco tiempo después: «Pronuncié la palabra para la aritmética y recibí una de las mejores notas, pero me fié de mí mismo para la historia y mis notas fueron muy bajas».

El hombre recibe un golpe cuando está muy seguro de sí mismo, pues ha puesto toda la confianza en su personalidad y no en el «Padre que está en él». Otra de mis alumnas me dio el siguiente ejemplo. Un verano, hizo un largo viaje, visitando numerosos países cuya lengua ignoraba. A cada instante pedía las directrices y la protección divinas, y todo se resolvía milagrosamente. Sus equipajes jamás se retrasaron ni se perdieron. Siempre encontraba los mejores hoteles y todo le fue perfectamente servido. Regresó a Nueva York donde, al conocer la lengua, pensó que Dios ya no era necesario e hizo sus cosas sin rogarle más. Todo le salió mal: sus equipajes se perdieron en medio de la agitación y del desorden. El estudiante de metafísica debe tener la costumbre de «practicar la Presencia de Dios» a cada minuto. «Reconocerle en todas las direcciones», porque nada es insignificante, ni demasiado importante.

A veces, un incidente pequeño puede transformar toda una vida.

Robert Fulton, que se hallaba mirando hervir dulcemente el agua en una tetera, se imaginó un buque transatlántico.

He visto con frecuencia a un estudiante retrasar su demostración por su resistencia o bien porque él mismo quería elegir su camino. De esta manera, limitaba su fe y paralizaba la manifestación.

«¡Mis caminos y no tus caminos!» ordena la Inteligencia Infinita. En el caso de cualquier clase de energía, ya se trate del vapor o de la electricidad, es necesario un instrumento que no ofrezca ninguna resistencia y ese instrumento es el hombre.

Constantemente, las Sagradas Escrituras le aconsejan al hombre que «esté tranquilo». «Oh Judá, no tengas miedo, pero mañana sal a su encuentro, pues el Señor estará contigo. No tendrás que combatir en esta batalla, relájate, ten tranquilidad y contempla la liberación del Señor que está contigo.»

Así lo constatamos en el caso anterior en el que una señora recibió del propietario del inmueble donde vivía sus dos mil dólares cuando ella adoptó una actitud no resistente y de una fe imperturbable, y también en el caso de aquella otra que ganó el amor del hombre al que amaba «cuando hubo cesado todo sufrimiento».

El objetivo del estudiante en metafísica es el equilibrio, el dominio de sí mismo. El dominio de sí mismo es su fuerza, pues da a la fuerza Dios la posibilidad de fluir a través del hombre, a fin de «actuar según Su bien querer».

Dueño de sí mismo, el estudiante piensa claramente y «toma rápidamente las decisiones correctas». «La suerte no le falta nunca.» La ira altera la visión, envenena la sangre: es la causa de enfermedades y de decisiones que conducen al desastre.

La ira suele incluirse entre los pecados capitales, tanto en cuanto a sus reacciones como en sus efectos maléficos. El estudiante aprende que en metafísica la palabra pecado tiene un sentido mucho más amplio que aquel que se enseñaba antiguamente: «todo lo que es contrario a la fe es pecado».

Se da cuenta de que el miedo y la inquietud son pecados mortales. Es la fe a la inversa, ya que por medio de imágenes mortales deformadas, provoca precisamente aquello que rechaza. Su trabajo consiste en rechazar a sus enemigos (más allá del subconsciente). «Cuando el hombre esté exento del miedo, será perfecto.» Pero como dijo Maeterlink, «el hombre tiene miedo de Dios».

Así pues, tal y como hemos visto en los capítulos anteriores, el hombre no puede vencer el miedo más que enfrentándose a aquello que lo asusta. Cuando Josafat y su ejército se preparaban para salir al encuentro del enemigo, cantó: «Loado sea el Señor, pues su misericordia dura por toda la eternidad». Se dio cuenta entonces de que sus enemigos se estaban matando los unos a los otros, y que ya no quedaba nadie contra quién combatir.

Una persona había pedido a una de sus amigas que transmitiera un mensaje a una tercera persona. Esta amiga temía dar ese paso pues la razón le aconsejaba: «No te pelees por este asunto y no te hagas responsable de este encargo».

Se sentía bastante inquieta, a pesar de haber pronunciado su palabra. Finalmente, decidió «afrontar al león» e hizo un llamamiento a la ley de la protección divina. Se encontró entonces con la persona a la que debía comunicar el mensaje que se le había encargado, abrió la boca para hacerlo así y, en ese mismo instante, esa otra persona le dijo: «Tal persona dejó el pueblo», lo que hacía inútil el mensaje que debía transmitir, puesto que la situación dependía de la presencia en el pueblo de aquella persona.

Como quiera que sea, le había rogado que actuara, es decir, que no resistiera, y no se sintió obligada;

precisamente porque no tenía miedo, la situación embarazosa desapareció por sí sola.

Los estudiantes retrasan a menudo su demostración manteniendo la idea de que estaba incompleta; deberían hacer la siguiente afirmación: «En el Espíritu Divino, todo está alcanzado; por lo tanto, mi demostración está completa, mi trabajo es perfecto, mi hogar es perfecto y mi salud también es perfecta».

Cualquier cosa que pidamos, son ideas perfectas, archivadas en el Entendimiento Divino y que deben manifestarse «por la gracia y de una manera perfecta».

Hay que dar las gracias por haber recibido en lo Invisible y prepararse activamente para recibir en el plano visible.

Otra de mis alumnas tenía la necesidad de hacer una demostración pecuniaria y acudió a verme para preguntarme por qué esta demostración no llegaba a producir un resultado. «Quizá tenga usted la costumbre de no terminar aquello que emprende, y su subconsciente haya tomado la costumbre de no llegar a terminar las cosas».

«Tiene usted razón —me respondió ella—. Empiezo a hacer muchas cosas que no termino jamás. Voy a entrar en mi casa y a terminar de hacer una cosa que empecé hace varias semanas. Estoy segura de que eso será el símbolo de mi propia demostración.»

Se dedicó a terminar esa tarea y, al cabo de poco tiempo, consiguió terminar el trabajo. Poco tiempo después, el dinero le llegó de una manera curiosa.

Aquel mismo mes, su marido recibió una paga doble de su salario. Convencido de que se trataba de una equivocación, lo comunicó así a sus jefes, y éstos, debido a su honradez, le dijeron que se lo quedara.

Cuando el hombre pide con fe, no puede dejar de recibir, pues Dios crea sus propias vías.

A mí, en ocasiones, me hacen esta pregunta: «Suponga que se tienen varios talentos. ¿Cómo saber cuál de ellos elegir?». Pida recibir una dirección clara, y diga: «Espíritu Infinito, dame una indicación clara, revélame cuál debe ser mi perfecta expresión, enséñame cuál es el talento que debo utilizar actualmente».

He visto a personas liberarse, bruscamente, de una tarea y encontrarse plenamente competentes con poco o casi ningún aprendizaje. Yo afirmo: «Estoy totalmente equipada para el Plan Divino de mi vida», y afronto sin miedo las ocasiones que se presentan.

Ciertas personas dan voluntariamente, pero no saben recibir; rechazan los regalos, ya sea por orgullo o por cualquier otra razón negativa y agotan así sus fuentes e, invariablemente, se encuentran un poco desprovistas de todo.

Así, por ejemplo, a una señora que había donado mucho dinero acudieron a ofrecerle una donación de varios miles de dólares. Ella la rechazó, diciendo que no tenía necesidad. Poco después, sus finanzas se encontraron con problemas y la mujer tuvo que endeudarse exactamente por aquella misma cantidad que se le había ofrecido. Es necesario recibir con gracia el pan «que nos viene sobre las aguas»; libremente, usted ha dado; libremente debe recibir.

El equilibrio entre dar y recibir existe siempre, y aunque el hombre debe dar sin esperar nada a cambio, viola la ley aquel que no acepta aquello que le ofrecen, pues todo viene de Dios, y el hombre no es más que su canal.

No se debe tener jamás un pensamiento de penuria con respecto a aquel que da. Por ejemplo, cuando el oyente del que ya he hablado me entregó su centavo, yo no pensé: «Pobre hombre, no está en condiciones de darme este centavo». Lo he visto rico y próspero, recibiendo su parte de la abundancia que existe. Fue ese pensamiento el que le indujo a actuar como lo hizo.

Si no se sabe recibir, es necesario aprender y, para hacer brotar las fuentes, saber aceptar lo que se nos ofrezca, aunque sólo sea un sello. El Señor ama tanto a aquel que sabe recibir como al que sabe dar. Con mucha frecuencia se me ha preguntado por qué un hombre nace rico y saludable y otro pobre y enfermo.

Allí donde se produzca un efecto, hay siempre una causa; el azar no existe.

Esta cuestión encuentra su respuesta en la ley de la reencarnación. El hombre pasa por numerosas vidas, por numerosas muertes, antes de conocer la Verdad que le permite ser libre. Se siente atraído hacia la tierra a causa de sus deseos anteriores insatisfechos, para pagar sus deudas kármicas o para «cumplir con su destino».

Por lo tanto, aquel que nace rico y saludable mantuvo en su subconsciente, en el transcurrir de su vida anterior, las imágenes de riqueza y de salud, mientras que aquel que está enfermo y pobre, creó las imágenes de enfermedad y pobreza. En cualquier plano que esté, el hombre manifiesta la suma total de las convicciones de su propio subconsciente.

Sin embargo, el nacimiento y la muerte son leyes establecidas por los hombres, pues «el pago del pecado es la muerte», la expulsión de Adán de la conciencia por haber creído en dos poderes (el bien y el mal). El hombre real y el hombre espiritual no conocen el nacimiento, ¡ni la muerte! Él jamás nace y jamás muere, sino que «está en el comienzo y ¡estará siempre!».

Así pues, por el conocimiento de la Verdad, el hombre se libera de la ley del karma, del pecado y de la muerte y manifiesta al hombre creado a «imagen de-Dios y según su semejanza». Su liberación se produce cuando ya ha cumplido su destino, haciendo surgir la manifestación del designio divino de su vida.

Su Señor le dirá: «Está bien, buen y leal servidor, túhas sido fiel en unas pocas cosas, yo te restableceré en muchas (incluyendo la muerte misma); entra en el gozode tu Señor (la vida eterna)».

Negaciones y afirmaciones

«Tú decretarás una cosa y ella te será dada.»

Todo el bien que debe manifestarse en la vida de un hombre es ya un hecho cumplido en el Entendimiento Divino. Para actuar, Él espera que el hombre le reconozca o pronuncie la palabra, o sea que es el mismo hombre quien debe decretar, para que la Idea Divina se manifieste en su plenitud, ya que, con frecuencia, decreta por «sus vanas palabras» el pecado y la tristeza.

Es de la máxima importancia que se pronuncien correctamente las peticiones, como ya se indicó en el capítulo anterior.

Si se desea un hogar, amigos, una posición, o cualquier otra cosa buena, es necesario pedir la «selección divina».

Por ejemplo: «Espíritu Infinito, abre las vías que conducen a mi verdadero hogar, mis verdaderos amigos, mi verdadera posición. Yo te agradezco que se manifieste ahora mismo, por la gracia y de una manera perfecta».

El fin de la afirmación es de una importancia capital. Por ejemplo, una de mis conocidas pidió mil dólares. Su hija fue víctima de un accidente y recibió mil dólares de indemnización, o sea que ella recibió lo que había pedido, aunque de una «manera no perfecta». El pedido debe ser hecho de la manera siguiente: «Espíritu Infinito, yo te ruego que los mil dólares que me pertenecen por derecho divino sean liberados ahora mismo y me lleguen por la gracia y de una manera perfecta».

A medida que se desarrolla su conciencia de la riqueza, es conveniente precisar que las enormes sumas de dinero que nos pertenecen por derecho divino lleguen hasta nosotros por la gracia y por los medios perfectos.

Es imposible dar un curso verdaderamente libre a aquello que no creemos posible, pues nos encontramos limitados por las pretensiones del subconsciente. Es necesario ampliar esas pretensiones a fin de recibir más.

El hombre se limita, a menudo, en sus pedidos. Así, un estudiante pide seiscientos dólares, para una cierta fecha. Finalmente, los obtiene, pero poco después se da cuenta de que, en realidad, hubiera deseado recibir mil. Sin embargo, y según la palabra que fue pronunciada, se le dan los seiscientos.

«Ello tiene limitado al Santo de Israel.» La riqueza es un asunto de conciencia. Los franceses tienen una leyenda que ilustra esta verdad.

Un pobre hombre sale a la calle, donde encuentra a un viajero que le para y le dice: «Amigo mío, veo que está usted muy triste, coja este lingote de oro, véndalo y será rico para toda la vida».

El hombre, entusiasmado de alegría por la buena suerte, se llevó el lingote a casa. Inmediatamente encontró trabajo y ganó tanto dinero que no tuvo necesidad de vender el lingote de oro. Transcurrieron los años, y el hombre se hizo muy rico. Un buen día, se cruzó en su camino un pobre. Entonces, el hombre lo detuvo y le dijo: «Amigo mío, yo le daré un lingote de oro, véndalo y será rico para toda la vida». El mendigo cogió el lingote, lo examinó y se dio cuenta de que aquello no era más que cobre.

Así pues, vemos cómo el primero de estos dos hombres se hizo rico porque tenía un sentimiento de riqueza, pensando que el lingote era de oro. Todo hombre trae consigo su propio lingote de oro; ésta es la conciencia del oro, de la riqueza, que atrae la riqueza a su vida.

Al formular sus peticiones, es necesario empezar por el fin, es decir declarar haber recibido ya. «Antes de que me llamen, yo responderé.» Al afirmarla continuamente, la fe se establece en el subconsciente.

No sería necesario repetir una afirmación si se tuviera una fe perfecta. No se debe suplicar, ni implorar, sino dar gracias constantemente por aquello que ya se ha recibido.

«El desierto se alegrará y se abrirá como una rosa.» El hecho de alegrarse mientras aún estamos en el desierto (estado de conciencia) abre la vía de la liberación. La oración dominical es, a la vez, un mandamiento y una petición. «Danos hoy el pan nuestro de cada día y perdona nuestras ofensas, así como nosotros perdonamos a quienes nos hayan ofendido»; y termina por la alabanza: «Pues es a Ti a quien yo pertenezco, por todos los siglos, el Reino, La Fuerza y la Gloria. Amén».

Así pues, esta oración es un mandamiento y una petición, una alabanza y una acción de gracias. El trabajo

101

del estudiante consiste en llegar a creer «que con Dios todo es posible».

Esto parece fácil, así, tomado en abstracto, pero es un poco más difícil cuando nos encontramos en presencia de una dificultad.

Por ejemplo: es necesario que una mujer atraiga una gran suma de dinero, para una determinada fecha. Ella sabe que debe hacer cualquier cosa para obtener una realización (pues la realización es la manifestación), y pide sus directrices. Poco después, al pasar ante una gran tienda, se fija en un bonito abridor de cartas de esmalte rosado expuesto en el escaparate. Se siente atraída por el objeto y piensa en seguida: «Yo no tengo un abridor de cartas tan elegante para abrir cartas que contengan grandes cheques».

Entonces compra uno, pero su razón le dice que estaba loca por haber hecho tal gasto. Sin embargo, cuando lo tiene en su mano, se ve, en su imaginación, abriendo un sobre que contiene un cheque importante, y algunas semanas después, efectivamente, recibió el dinero que necesitaba. El abridor de cartas de esmalte rosado fue la forma mediante la cual había pasado a poner en marcha su fe activa.

Hay abundantes relatos sobre la fuerza del subconsciente cuando está dirigido por la fe.

Un hombre, por ejemplo, pasó la noche en una finca. Las ventanas de su habitación estaban todas cerradas y, en medio de la noche, al sentirse sofocado, se dirigió en la oscuridad hacia una de las ventanas. No logró abrirla y rompió con el puño el cristal de la ventana. Después de eso, pasó una noche excelente.

A la mañana siguiente, se dio cuenta de que él sólo había roto los cristales de la estantería de libros, mientras que la ventana había permanecido cerrada durante toda la noche. Él estaba buscando el oxígeno y pensaba solamente en el oxígeno.

Cuando un estudiante empieza a hacer demostraciones de la ley espiritual, jamás debe volver atrás: «Aquel que vacila no piense que recibirá lo que es del Señor».

Un estudiante negro dijo un día una cosa maravillosa: «Cuando pido cualquier cosa al Padre, soy categórico, y digo: "Padre, no aceptaré menos de lo que pido, sino en todo caso más"».

Así, el hombre no debe transigir nunca. «Una vez que haya hecho lo necesario, mantenga su posición.» A veces, éste es el momento más difícil de la demostración. Constantemente nos sentimos tentados a abandonar, retrasarnos, transigir.

No se olvide que «También sirve a aquel que no hace sino esperar tranquilamente». Las demostraciones se realizan, a menudo, en la decimoprimera hora, pues entonces el individuo se relaja, es decir, deja de razonar, y es en ese momento cuando la Inteligencia Infinita puede actuar.

«Los deseos sombríos reciben una respuesta sombría, y los deseos violentos reciben una respuesta violenta, o tardan en realizarse.»

Una señora me preguntó por qué perdía o se olvidaba frecuentemente de sus gafas.

Al analizar la cuestión, descubrimos que ella decía a menudo a los demás y a sí misma, con irritación: «Me gustaría librarme de estas gafas». Y su deseo impaciente se realizaba violentamente. Tendría que haber pedido una visión perfecta, pero no registraba en su subconsciente más que el deseo de librarse de sus lentes; así que continuamente los olvidaba o los perdía.

La dualidad de la actitud del espíritu provoca las pérdidas, las depreciaciones, como fue el caso de la persona que no apreciaba a su marido, o bien el miedo de la pérdida, que crea en el subconsciente la imagen de las pérdidas.

Cuando el estudiante llegue a liberarse de su problema, es decir a entregar la carga, sólo entonces obtendrá una manifestación instantánea.

Una señora estaba en la calle, en medio de un violento aguacero y su paraguas se dio la vuelta. Tenía que hacer una visita a unas personas que no conocía y no quería llegar allí con un paraguas roto. Por otra parte, tampoco podía tirarlo, pues no le pertenecía. Desesperada, rogó: «Oh, Señor, hazte cargo de este paraguas; yo no sé qué hacer con él».

Un instante después, una voz le dijo: «Señora, ¿quiere que le arregle el paraguas?». Un reparador de paraguas se encontraba a su lado. Ella se apresuró a aceptar su oferta.

El paraguas fue arreglado mientras ella se marchaba para realizar la visita que tenía que hacer; al regresar encontró un objeto prácticamente nuevo. Hay siempre al alcance de nuestras manos un reparador de paraguas.

Cuando no sabemos qué hacer con el paraguas, es decir, con la situación que nos preocupa, tenemos que ponerlo en las manos de Dios. Una negación debe ir siempre seguida por una afirmación.

Ya era tarde, por la noche, cuando me llamaron por teléfono para tratar a un hombre al que jamás había visto. Él estaba aparentemente muy enfermo, Yo le dije: «Niego esta apariencia de enfermedad. Es irreal y, por lo tanto, no puede registrarse en su subconsciente; este hombre es una idea perfecta del Entendimiento Divino, pura sustancia de la perfección». A la mañana siguiente el hombre se sentía mucho mejor y, al día siguiente ya se encontraba lo bastante bien como para reanudar sus actividades.

En el Entendimiento Divino no hay tiempo, ni espacio; por lo tanto, la palabra alcanza instantáneamente su destino y no «vuelve vacía». Yo he tratado enfermos que se encontraban en Europa y los resultados fueron inmediatos.

Me preguntan a menudo cuál es la diferencia entre la imaginación y la visión, «visualizar» y «ver». Imaginar es un proceso mental gobernado por la razón o por la conciencia; la visión es un proceso espiritual, gobernado por la intuición o por el superconsciente. El estudiante debe entrenar su espíritu a recibir la inspiración y a realizar estas «imágenes divinas» mediante directrices claras. Hasta que un hombre no sea capaz de decir:

«No deseo otra cosa que aquello que Dios quiera para mí», sus deseos erróneos no se borrarán de su conciencia y el Maestro Arquitecto, Dios en él, no le dará planes nuevos.

El plan de Dios, para todo hombre, sobrepasa las restricciones del razonamiento; eso siempre es la cuadratura de la vida que contiene la salud, la fortuna, el amor, la expresión de sí mismo más perfectas. Más de un hombre se construyó, en su imaginación, una casa de campo cuando debería construirse un palacio. Si el estudiante intenta forzar la demostración (por la razón), eso mismo la mata. «Yo apresuraré las cosas», dijo el Señor. El hombre debe dejarse llevar por la intuición, o por directrices bien definidas. «Repósate en el Señor y espera con tranquilidad; fíate de Él, y te satisfará.»

He visto actuar a la ley en condiciones extremadamente asombrosas. Por ejemplo, una estudiante me dijo que le era necesario obtener cien dólares para el día siguiente. Los necesitaba para pagar una deuda, así que era de una importancia vital que se los procurase. Yo «pronuncié la palabra», declarando que el Espíritu jamás se retrasa y que la riqueza está siempre al alcance de las manos.

Esa misma noche, la joven me llamó por teléfono para comunicarme que se había producido el milagro. Tuvo la idea de examinar los papeles que estaban en su caja fuerte del banco. Antes de verificar sus documentos encontró, en el fondo de la caja, un billete nuevo de cien dólares. Se quedó muy sorprendida y, según me dijo, estaba segura de no haberlo olvidado allí, pues verificaba a menudo aquellos papeles. Puede ser que esto fuera una materialización, como la que Jesús efectuó cuando materializó los panes y los peces.

El hombre alcanzará el estadio en el que «la palabra se hace carne», es decir, en el que se materializará instantáneamente. «Los campos prestos para la cosecha» se manifestarán inmediatamente, como todos los milagros de Jesucristo. Únicamente el nombre de Jesucristo tiene una fuerza formidable. Él representa la Verdad manifestada. Él declaró: «Todo lo que pidáis a mi Padre, en mi nombre, Él os lo dará».

La fuerza de este nombre eleva al estudiante hasta la cuarta dimensión, allí donde se encuentra liberado de todas las influencias astrales y psíquicas, y donde se convierte en alguien «no atado por ningún condicionante, en alguien absoluto, del mismo modo que Dios no se ve atado por nada y es absoluto».

He visto producirse numerosas curaciones, en respuesta a las palabras «En nombre de Jesucristo». Cristo fue, a la vez, persona y principio; y el Cristo que hay en cada hombre es su propio Redentor y su Salvador.

El Cristo interior es el Yo de la cuarta dimensión, el hombre hecho a la imagen de Dios y según su semejanza. Es el Yo («Yo soy») que no conoce el pecado, ni la enfermedad ni el sufrimiento, que no nació jamás y jamás murió. Es la «Resurrección y la Vida» en cada hombre.

«Nadie vendrá al Padre, sino a través del Hijo», significa que Dios, el Universal, actúa sobre el plano de lo particular, por medio del Cristo en el hombre; y el Espíritu Santo significa Dios en acción. Así, cotidianamente, el hombre manifiesta la Trinidad del Padre, del Hijo y del Espíritu Santo.

Debería pensar en alcanzar la perfección de un arte. Aquel que llega a esta maestría debe tener gran cuidado para no pintar sobre la tela de su espíritu más que, según el designio divino, pinta sus cuadros con magistrales toques de fuerza y de decisión, con una fe tan perfecta que no hay poder capaz de alterar su perfección, sabiendo que eso se manifestará en su vida, como lo ideal que llega a convertirse en lo real.

Todo poder es dado al hombre (por el pensamiento justo) para realizar su Cielo en la Tierra y alcanzar la meta del «Juego de la Vida». Sus reglas son la fe exenta de miedo, la no resistencia y el amor.

Cada uno de nuestros lectores puede ser liberado de aquello que lo mantuviera prisionero durante tantos años, separándolo de lo que le pertenecía, además puede «conocer la Verdad que lo hará libre». Libres, para cumplir su destino, para provocar la manifestación del designio divino que hay en su vida, la Salvación, la Riqueza, el Amor y la Expresión perfecta de sí mismo.

«Véanse a sí mismos transformados a través de la renovación de su espíritu.»

Negaciones y afirmaciones

Para la prosperidad
Dios es mi riqueza infalible, y grandes sumas de dinero vienen rápidamente a mí, por la gracia y los medios perfectos.

Para condiciones armoniosas
Todo plan que mi Padre Celestial no haya concebido se desagrega y se disipa, y el Plan Divino se manifiesta.

Para condiciones armoniosas

Sólo aquello que es verdad de Dios es verdad para mí, pues yo y el Padre somos uno.

Para la fe

Como yo soy uno con Dios, no soy más que uno con mi bien, pues Dios es a la vez el Dador y la Dádiva. Yo no puedo separar al Dador de la Dádiva.

Para condiciones armoniosas

El Amor Divino desagrega y disipa ahora todo estado discordante en mi espíritu, en mi cuerpo y en mis asuntos. El Amor Divino es el más poderoso Químico del Universo y disuelve aquello que no es Él mismo.

Para la salud

El Amor Divino inunda mi conciencia de salud y cada una de las células de mi cuerpo de luminosidad.

Para la vista

Mis ojos son los ojos de Dios, yo veo con los ojos del espíritu. Veo claramente la vía abierta; no hay obstáculos en mi camino. Veo claramente el Plan perfecto.

Para las directrices

Yo soy divinamente sensible a mis directrices intuitivas y obedezco instantáneamente a Tu Voluntad.

Para los oídos

Mis oídos son los oídos de Dios; escucho con los oídos del espíritu. Yo soy no resistente y estoy dispuesto a dejarme conducir. Yo oigo.

Para el trabajo

Tengo un trabajo maravilloso, Divinamente dado,
Doy de mí lo mejor
Y estoy muy bien pagado.
(Para estar liberado de toda esclavitud)
Yo entrego esta carga al Cristo que hay en mí y sigo adelante..., ¡libre!

Libro 2:

EL PODER
DE LA PALABRA HABLADA

Armas que ustedes desconocen

"¡Yo poseo armas que ustedes desconocen! ¡Uso caminos que ustedes no imaginan! ¡Tengo canales que ustedes no sospechan! ¡Armas secretas, caminos misteriosos, canales insospechados! Dios trabaja de manera misteriosa para llevar a cabo sus milagros". El problema que tiene la mayor parte de la gente es que quieren conocer por adelantado el camino y los canales. Quieren decirle a la Inteligencia Suprema de qué manera debe contestar a sus oraciones. No tienen fe en la creatividad y la sabiduría de Dios. Rezan, tratando de dar a la Inteligencia Infinita direcciones específicas para que actúe; en otras palabras, ellos intentan limitar al Santo de Israel.

Jesucristo afirmó: "En el momento en que ustedes rezan, creen que ya es suyo". ¿Acaso existe algo más directo o sencillo? "Para entrar en mi reino hay que ser como un niño pequeño." Podemos interpretar las Escrituras y decir: "Sean como un niño pequeño, como sus esperanzas, y sus oraciones serán escuchadas". Un niño espera con alegría e ilusión sus juguetes en Navidad. Pondremos como ejemplo al pequeño niño que para Navidad pidió un tambor. Él no se queda despierto toda la noche pensando en su tambor. Se va a la cama y duerme plácidamente, sin que nada le preocupe. A la mañana siguiente, cuando se despierta brinca de la cama, listo para disfrutar ese día feliz que lo está esperando y maravillado descubre lo que tiene frente a él.

Por el contrario, un adulto pasa toda la noche despierto pensando y pensando en su problema. En vez de un tambor ve una gran cantidad de dinero. ¿No deja de pensar de qué manera y cuándo llegará hasta él? Asegurará que su fe en Dios es inquebrantable, pero que quisiera saber más sobre la forma y el cómo trabaja. Y la respuesta llega: "¡Yo poseo armas que ustedes desconocen! Mis canales son ingeniosos, mis métodos son seguros".

"Confía en tus vías hacia mí, ten fe en mí." A mucha gente le resulta muy difícil confiar de esta manera en el Señor. Implica, por supuesto, seguir sus presentimientos, pues la intuición es el canal mágico, el camino directo hacia su manifestación. La intuición es una facultad espiritual que está más allá de la razón. Esa "vocecita silenciosa", conocida comúnmente como corazonada o presentimiento, es la que nos dice: "El camino que hay que recorrer es éste". Hablo de la intuición con mucha frecuencia porque es parte fundamental del desarrollo espiritual. Es la Guía Divina. Es Dios que está en nuestro interior, es el ojo que vigila a Israel y que nunca duerme o se distrae. Nada es insignificante para él. Identifi-quémoslo en todas sus formas y despejará nuestros caminos. Procuremos no despreciar esas pequeñas cosas que nos pasan durante el día (esos eventos supuestamente insignificantes).

Para una persona que toda su vida se ha dejado mandar por sus razonamientos le resulta muy difícil seguir su intuición espontáneamente, sobre todo para quienes tienen lo que se conoce como hábitos regulares. Los que están acostumbrados a hacer las mismas cosas todos los días y a la misma hora. Comen a una hora específica. Se despiertan y se acuestan, cuando el reloj se los indica. Cualquier variación los perturba.

Poseemos el poder de elegir: seguir el camino mágico de la intuición, o el largo y difícil camino de la rutina, siguiendo las órdenes del razonamiento. Llegaremos a la cima si seguimos al superconsciente. En la intuición, se encuentran las imágenes de la juventud y de la vida eternas; donde la muerte termina consigo misma. Nosotros tenemos el poder para grabar en la mente subconsciente estas imágenes. Por tratarse de un simple poder sin dirección el subconsciente lleva a cabo esta idea, así nuestros cuerpos se transmutan en el cuerpo que nunca muere. Esta idea se encuentra expresada parcialmente en la película *El Horizonte Perdido*. Shangri-La resultó ser una representación simbólica del "Mundo Maravilloso", donde todo lo que nos rodea es perfecto.

Para su cuerpo y sus circunstancias existe un modelo espiritual. Lo llamo el Plan Divino; este Plan Divino es una Idea Perfecta en nuestra mente super- consciente. Para la mayor parte de la gente poder manifestar la Idea Divina en sus cuerpos y circunstancias es algo muy lejano. Pero han grabado, en su subconsciente, imágenes contrarias a ésta, como el envejecimiento, la enfermedad y la muerte, y ha realizado al pie de la letra estas órdenes. Es el momento de dar una nueva orden: "Ahora dejo que la Idea Divina que está en mi mente se manifieste en mi cuerpo y circunstancias". Esta afirmación se grabará en su subconsciente cuando le repitan y quedarán maravillados por los cambios que pronto comenzarán a suceder. Serán bombardeados por ideas y sueños nuevos. En su cuerpo sucederán cambios químicos. El Plan Divino se extenderá rápidamente, su ambiente cambiará por uno mejor donde todas las condiciones son siempre perfectas.

"Levantándose por encima de sus cabezas, sus rejas, y al ascender su ser, sus puertas eternas, el Rey de la Gloria ingresará. ¿Quién es el Rey de la Gloria? El Señor (o Ley) fuerte y poderoso. El Señor que es poderoso en batalla."

No lo olviden, la Biblia habla sobre pensamientos y niveles de conciencia. En la mente supercons- ciente existe una imagen de las Ideas Perfectas proyectándose en su mente consciente. Las rejas y puertas se levantarán y "El Rey de la Gloria entrará".

Este Rey de la Gloria posee armas que ustedes desconocen y ha expulsado al ejército invasor (los pensamientos negativos atrincherados en sus mentes desde hace innumerables edades). Los pensamientos negativos siempre han vencido a la manifestación de los deseos en su corazón. Son una clase de pensamientos que se han arraigado en el subconsciente debido a que continuamente pensamos en las mismas cosas. Se han erigido como una idea fija: "La vida es dura y está llena de decepciones". Usted encontrará estos pensamientos en su vida como si fueran experiencias reales, "la vida viene como resultado de lo que no imagina el corazón".

"Los míos son caminos maravillosos." Debemos construir en la conciencia un paisaje lleno de paz, concordia y belleza, para que algún día se manifieste y se haga visible. Continuamente, el Plan Divino de nuestra vida se presenta como un destello en nuestra conciencia y pensamos que es demasiado bueno como para ser verdad. Son muy pocos los que cumplen con su destino. Entendamos por destino el lugar que nos corresponde. Nacemos plenamente equipados para llevar a cabo el Plan Divino de nuestras vidas. Nos encontramos en condiciones iguales frente a cada situación. Si pudiéramos hacer que estas palabras se manifestaran, las puertas se abrirían rápidamente y las vías se despejarían. Realmente podríamos escuchar el murmullo de la Actividad Divina, y nos haríamos uno con la Inteligencia Infinita, la cual no sabe lo que es el fracaso. Las oportunidades se presentarán frente a nosotros venidas de lugares insospechados. Así, el Plan Divino se realizaría pues en todos nuestros asuntos la Idea Divina trabajaría.

Dios es Amor pero también es la Ley: "Si ustedes me aman, respeten mis mandamientos" (o leyes). El doctor Ernest Wilson me explicó este primer conocimiento de la Verdad; este conocimiento se presentó cuando acababa la lectura del libro *Concentración* de Emerson. Concentración quiere decir absorción amorosa. Vemos, por ejemplo, a los niños absortos amorosamente en sus juegos. Únicamente podemos alcanzar el éxito si seguimos una línea que verdaderamente nos interese. Los grandes inventores jamás se cansan de su trabajo, si no fuera así no llevarían a cabo sus extraordinarias invenciones. Nunca intente obligar a un niño a hacer algo que no quiera hacer. Sólo conseguiría una decepción.

El primer paso para alcanzar el éxito es estar contento de ser uno mismo. Una gran cantidad de personas está cansada de ser ella misma. Siempre desea estar en el lugar de alguien más, no se tiene confianza. Cuando visité Londres conocí a un hombre que vendía en la calle una nueva canción, se titulaba *Le hago cosquillas a la muerte que está en mí*. Me pareció una idea fabulosa; lo esencial es estar satisfecho con uno mismo. Entonces puedes desarrollarte ágilmente en el Plan Divino, donde tu vida se realiza. Deberías estar convencido de que el Plan Divino de tu vida te complacerá totalmente. No volver a sentir, en ningún momento, envidia de alguien. Frecuentemente las personas son impacientes y se amedrentan. Tomé esta idea cuando leía en el periódico un artículo sobre Omaha, el famoso caballo de carreras. El artículo decía: "Antes de comenzar su paso largo Omaha tiene que correr una milla". No cabe duda que existen muchos Omahas en el mundo, y ellos pueden comenzar su paso largo espiritual y, en un parpadeo, ganar la carrera.

"Maravíllate de ti mismo, también del Señor, y Él concederá los deseos de tu corazón." Deléitate en la Ley y nosotros proveeremos los deseos de tu corazón. "Maravillémonos en la Ley", procuremos alegrarnos haciendo una demostración. Disfrutemos de la confianza que tenemos en Dios, intentando ser felices al dejarnos guiar por nuestros presentimientos. La mayor parte de la gente dice: "Oh, Dios, tienes que enseñarme cómo obtener dinero de nuevo"; o bien: "Oh, Dios, escucha: mis presentimientos me ponen nervioso y no tengo el valor para seguirlos". A muchas personas les gusta jugar al golf y al tenis, ¿y acaso hay algo que les impida disfrutar mientras juegan el juego de la vida? Lo que sucede es que jugamos con energías que somos incapaces de ver. Jugando golf o tenis, usamos pelotas que se pueden ver y una meta visible; ¿pero este juego es más importante que el juego de la vida? La meta es realizar el Plan Divino de nuestra vida, donde todo es perfecto siempre.

"Reconócelo en todas sus manifestaciones y él despejará los canales." Cada vez que nos unimos a la intuición, nos ayuda para guiarnos, finalmente, como si fuera un poste indicador. De esa manera muchas personas son guiadas por su difícil vivir a intentar encontrar una salida, en vez de "intuirla".

Conocí a una mujer que decía tener un conocimiento total de la Verdad y sus aplicaciones, pero justamente cuando tiene un problema, pesa y mide la situación, se pone a razonar. Si actúa así jamás resolverá su problema. La intuición se esfuma por la ventana cuando la razón toca a la puerta. La intuición es una facultad espiritual, es el superconscien- te, y jamás se explicará a sí misma. Escuché una voz antes que la mía, y dijo: "El camino que tienen que recorrer es este". Una persona me preguntó si la mente racional fue buena alguna vez. El razonamiento debe ser libre. Confiemos en la Ley Espiritual y todo "nos será dado".

Nuestra misión es ser buenos receptores, por eso deben prepararse para dar las gracias cuando su bendición llegue y alegrarse por ello.

Yo poseo armas que ustedes desconocen y caminos que no imaginan.

Dio hasta su poder

Mirad, os he dado el poder de pisar sobre serpientes
y escorpiones, y sobre todo poder del enemigo,
y nada os podrá hacer daño

LUCAS 10: 19

El don que dios dio al ser humano es su propio poder; el poder y autoridad sobre todo lo creado: su mente, su cuerpo y su acontecer. De la ausencia de ese poder nace toda la infelicidad. El ser humano se ve a sí mismo frágil y víctima de las circunstancias, e induce esas "situaciones sobre las que no tiene control" provocando su fracaso. Las personas por sí mismas son evidentemente víctimas de las circunstancias; pero si se unen al poder de dios todas las cosas se vuelven posibles.

Gracias al conocimiento de la metafísica podemos descubrir cómo conseguirlo. Nos conectamos con ese poder por medio de nuestras palabras. Así, milagrosamente, cada carga es eliminada y se gana cada batalla. El control sobre la vida y la muerte radica en el poder de la palabra. Cuida tus palabras con mucho afán. Continuamente, tú cosechas los frutos de tus palabras. "A quien es valiente y se sostiene en mis obras hasta el fin, a él le doy el poder y dominio sobre las naciones."

Sostenerse significa conquistar todas las dudas, temores y vibraciones negativas. Una persona con paz y equilibrio perfectos, colmado de amor y buena voluntad, será capaz de eliminar todas las vibraciones negativas. Las desharía como la nieve bajo los rayos del sol. Jesucristo afirmó: "les doy todo el poder para traer el cielo a la tierra". Nos permitimos dar las gracias para que esto pase ahora, para que veamos que el mal es aparente y podamos salir sin ninguna mancha. El poder de dios está en tu interior, en tu mente superconsciente. Ese es el reino de la iluminación, la manifestación y la perfección. Es el reino de los prodigios y los milagros. Los cambios, que aparentemente era imposibles, ocurren rápidamente por nuestro bien. Se abren puertas donde no había ninguna. Por canales ocultos e insospechados, se presenta el suministro divino, porque "dios posee armas que ustedes desconocen".

Cuando trabajamos con el poder de Dios encauzamos nuestro camino y la tendencia a razonar que tiene la mente se apacigua. La Inteligencia Infinita sabe cómo responder a ese instante que pregunta. Al ser humano la parte que le toca es alegrarse y agradecer por medio de sus actos de fe. Esta experiencia me la contó una mujer muy conocida en Inglaterra. Ella rezaba, con mucho apremio, por una intuición de Dios, entonces le llegaron estas palabras: "Actúa como lo que fui y lo que soy". Una y otra vez, me dijo esto exactamente: sólo la fe activa impresiona el subconsciente, y a menos que se grabe en el subconsciente, no conseguiremos nada.

Ahora les daré un ejemplo que aclara cómo trabaja la Ley. Cierta mujer fue a verme deseando de todo corazón tener un buen matrimonio y un hogar feliz. Estaba muy enamorada de cierto hombre, pero éste tenía un carácter muy difícil. Después de que ella le había demostrado su amor y devoción, él repentinamente cambió, y salió de su vida. Ella estaba resentida y desilusionada, se veía muy infeliz. Entonces le dije: "¡Ahora es el momento de arreglar tu hogar feliz! Comienza a comprar pequeñas cosas como si no tuvieras un momento para ahorrar". De esa manera tuvo mucho interés en conseguir su hogar feliz, cuando todas las circunstancias aparentemente estaban en su contra. "Ahora —le dije—, tendrás que hacer permanente esta situación y volverte inmune a cualquier rencor y desdicha". Le di el siguiente decreto: "Ahora estoy protegida de cualquier herida y odio: con Cristo en mi interior esta armonía es sólida como una roca". Y agregué: "En el momento en que te vuelvas inmune a toda herida y rencor, el hombre al que amas regresará o su equivalente te será dado". Pasaron varios meses, hasta que cierta tarde vino a visitarme y me dijo: "Sólo tengo sentimientos buenos y amistosos por ese hombre. Si él no es quien me corresponde por Derecho Divino, estaré más feliz". Poco tiempo después, se encontró con ese hombre, estaba muy contrariado por la forma en que se había portado: le suplicó que lo perdonara. Contrajeron matrimonio al poco tiempo, y el hogar feliz se pudo manifestar. Pues lo había creado alrededor de su fe activa.

Sólo en tu interior están tus enemigos. El "dolor" y el "rencor" eran los enemigos de esta mujer. Desde luego, había "serpientes y escorpiones". Muchas vidas se han perdido por estos dos enemigos. Cuando se hizo una con el poder de Dios, todo obstáculo desapareció en su vida. No podía ser lastimada de ninguna manera. Imagine lo que significa vivir libre de toda experiencia desdichada. Este ideal se consigue al tener, a cada momento, un contacto consciente con el poder de Dios. La palabra "poder" se menciona muchas veces en la Biblia: "Tú debes recordar al Señor como tu Dios, porque Él es quien da el poder para conseguir la riqueza". Quien tiene una conciencia rica atrae riquezas. Una persona con una conciencia pobre atrae pobreza. Conozco a muchas personas que encarnan esta Verdad, pero que empujados por las carencias y restricciones se unen con el poder de Dios, dejan de depender de lo exterior, confían en que Dios les dará ese invencible poder; gracias a esta Inteligencia Suprema sólo conocemos el Camino de la realización. "Confíen en mí y todo sucederá."

Todo el conocimiento que tengamos de la Verdad puede hacernos concluir que Dios es el único Poder. Es Poder, Presencia y Plan.

Una vez que se tiene la idea fija de que solamente existe un Poder en el universo —el Poder de Dios—, toda apariencia negativa se esfumará de su mundo. Cuando obtengamos una demostración debemos aceptar este único Poder. La maldad nace de los seres humanos que "imaginan superficialmente". Elimina todo el poder que le das a la maldad y ésta no te podrá tocar.

Ahora les daré un ejemplo que demuestra cómo funciona la Ley. Me encontraba en un restaurante con una amiga, quien notó que había algo en su vestido. Ella estaba convencida de que la mancha no se quitaría.

Entonces le dije: "Le haremos un tratamiento"; y pronuncié la siguiente afirmación: "El mal es ficticio y al salir no deja ninguna huella". Y agregué: "Ahora, no la veas, deja el asunto en manos de la Inteligencia Infinita". Después de una hora miramos y no había ni el más ligero rastro de la mancha.

Lo que es efectivo para las pequeñas cosas es efectivo para las grandes cosas. Puedes pronunciar esta afirmación para borrar desgracias pasadas o faltas, de una manera u otra, por la Gracia, los efectos se esfumarán, se irán sin dejar huella.

Muchas personas utilizan su poder personal en vez de usar el de Dios, lo cual siempre provoca un resultado infeliz. Usar el poder personal significa ansiedad personal. Les daré el ejemplo de una mujer que hace tiempo vino a consultarme. Su marido trabajaba en un periódico dibujando tiras cómicas. Realizar esos dibujos requería poseer mucho conocimiento del lenguaje. Ella resolvió que él debería cultivar su mente y leer los clásicos. Ella insistió mucho en que él fuera a la universidad, y para que pudiera hacerlo se mudaron a una comunidad escolar. ¡En un inicio él se resistió un poco, sin embargo después comenzó a gustarle! Pronto se empapó con los clásicos. Llegó un momento en el que solamente hablaba de Platón o de Aristóteles. Quería que la comida fuera preparada tal y como ellos la habían comido y que se presentara en la mesa con la misma sencillez. La vida de esta mujer se volvió una gran pesadilla. Después de esta experiencia jamás volvió a intentar cambiar a las personas. La única persona que cambia es uno mismo. ¡Cuando tú cambies, todas las condiciones que te rodean cambiarán! ¡Hasta las personas cambiarán! Si te mantienes tranquilo frente a una situación, ésta caerá, por su propio peso, lejos de ti. Nuestra vida se desdibuja por el aumento gradual de sus creencias subconscientes. Dondequiera que estés, estas condiciones van contigo.

"Me mantengo fuerte en el Señor y en el Poder de su fuerza."

"Innumerables ejércitos de Poder me respaldan."

El Poder significa dominio y dominio significa control. Gracias al conocimiento de la Ley Espiritual los seres humanos pueden controlar sus circunstancias. Si sabe que su problema es por escasez o limitación, su primera necesidad será hallar un suministro. Así, se hará uno con el poder de Dios y dará gracias por su suministro inmediato. Si la situación está demasiado cerca de usted y se llena de dudas y miedos, pida ayuda a un Practicante, a alguien que vea claramente por usted.

Un hombre me dijo que en un Centro de la Verdad, en Pittsburg, escuchó a varias personas hablar sobre mí y les preguntó: "¿Quién es esa tal Florence Scovel Shinn?" Alguien le contestó: "Oh, ella es la autora de *El juego de la vida,* si usted le escribe podrá conseguir un milagro". Sin perder tiempo me escribió y obtuvo una demostración. Jesucristo dijo: "Se realizará cuando dos de ustedes estén de acuerdo". Si no es capaz de ver claramente su bien, no dude en solicitar ayuda. Jesucristo vio claramente por las personas que curó. Él no les dijo cómo debían sanarse a sí mismas. Evidentemente, cuando tienes fija la idea de que el Poder de Dios es el único

Poder y de que el Plan Divino es el único Plan, puedes hacer más largo el estado en el que no se necesita nada de ayuda para controlar la situación.

Jamás debemos tomar bendiciones de la Inteligencia Infinita, éstos nos deben ser dados. La parte que le corresponde al ser humano es ser un receptor agradecido. "Mirad, os he dado el poder de pisar sobre serpientes y escorpiones, y sobre todo poder del enemigo, y nada os podrá hacer daño." "Tus actos con Él te dan el dominio sobre las obras de sus manos y ponen todas las cosas bajo tus pies. Sobre toda oveja y buey, y hasta las bestias de los campos." Esta es la idea que los seres humanos tienen de Dios, pero la idea que tienen de sí mismos es de limitación y fracaso. Es sólo en un maravilloso momento cuando el ser humano parece alcanzar el control y poder.

No es sino hasta que nos enfrentamos a una situación de carencia, cuando de pronto manifestamos el poder que se nos ha otorgado. He conocido a muchas personas que normalmente son ansiosas y nerviosas, pero llegan a tener serenidad y fortaleza cuando se trata de hacer frente a una situación importante.

"¡Oh, Israel escucha! No tenemos necesidad de pelear, permanezcamos serenos y seamos testigos de la salvación del Señor." Con frecuencia las personas se preguntan: "¿Qué significa permanecer serenos, sin hacer absolutamente nada?" *Permanecer serenos* quiere decir estar en equilibrio. En una ocasión le dije a un hombre que estaba muy nervioso y tenso: "Tómalo con calma y sé testigo de la protección del Señor". Él me contestó: "Eso me ha ayudado mucho". La mayor parte de las personas son puestas a prueba con demasiada dureza. Tienen que aguantar sus cargas y pelear sus batallas. Por esa razón, todo el tiempo están en conflicto y jamás consiguen lo que llamamos una demostración. Hazte a un lado, y sé testigo de la salvación del Señor. Parafraseando las Escrituras podemos decir: "¡Oh, Israel escucha!, jamás podrás ganar esa batalla luchando, sólo déjamela a Mí y te daré la victoria".

Si sigues el camino mágico de la intuición huirás de todas las dificultades y problemas, y crearás un camino recto hacia tu demostración. No hay que olvidar que nosotros siempre decimos que jamás ignoramos las pequeñas cosas cotidianas. Pero es un gran error creer que cualquier cosa es insignificante. En cierta ocasión fui a una tienda para comprar unas cosas. Hay dos tiendas en mi vecindario, una tiene precios más altos y en la otra los artículos son mucho más económicos, aunque vendían las mismas cosas. La razón me decía: "Ve al lugar más barato"; pero mi intuición me dijo: "Ve al lugar más caro". Evidentemente, seguí el camino mágico. Le dije al empleado lo que necesitaba. Entonces me dijo: "Esos dos artículos hoy están en oferta, dos por el precio de uno, porque están promocionando uno de los productos". De esa manera una corazonada me condujo al precio y lugar correctos. La diferencia en el precio fue tan sólo de cincuenta centavos, pero la intuición siempre vigila nuestros intereses. Si hubiera intentado conseguir algo más barato, habría ido a la otra tienda y hubiera pagado por los dos artículos. Si aprendemos de las pequeñas cosas, estaremos preparados para manejar las grandes cosas.

Leyendo las Escrituras, nos damos cuenta que el regalo que Dios otorgó a los seres humanos es el Poder. Los problemas y las circunstancias automáticamente nos seguirán. Dios le dio al ser humano este poder para su deleite. Le da autoridad sobre los elementos. Le da poder para sanarse y expulsar sus demonios. "Para renovar sus energías ellos esperan eso del Señor. Alzar el vuelo con alas de águila, correr y no fatigarse, y caminar sin desfallecer".

Deja que nos demos cuenta de que ese invencible poder está al alcance de todos. "¡Quienquiera que llame en el nombre del Señor, será escuchado!" De esa manera encontraremos la Palabra que une al hombre con su omnipotencia. Esta Inteligencia Suprema va más allá que levantar cada carga y pelear cada batalla.

Todo el poder te es dado para llevar el cielo sobre tu tierra.

Sé fuerte, no temas

No temas. ¡Sé fuerte!; el temor que habita en el ser humano es su único enemigo. ¡Cuando está temeroso se enfrenta a la derrota! Teme perder. Teme a la carencia. Se teme a sí mismo. Teme a las murmuraciones. El temor constante le roba todo su poder, porque ha perdido el contacto con la Casa del Poder Universal. "¿Por qué tenéis miedo, oh, vosotros, faltos fe?" La fe se transforma en miedo. Esta fe se altera. Cuando está temeroso lo primero que sucede es que atrae cosas malas por su miedo: las magnetiza. Está sugestionado porque esta idea incesante lo tiene impresionado.

Daniel no estaba alterado pues sabía que su Dios era más fuerte que los leones, Dios hizo que los leones fueran tan inofensivos como gatitos. Tal como lo hizo Daniel, caminarás entre tus leones tan velozmente como sea posible y lo verás con tus propios ojos. Tal vez, toda tu vida has escapado de algún león en especial. Actuando así has provocado que tu vida sea miserable y tu cabello haya encanecido.

En una ocasión una estilista me contó que conoció a una mujer, cuyo cabello gris recuperó su color natural cuando ésta dejó de preocuparse. Durante una entrevista una mujer me dijo: "No soy muy miedosa, pero me preocupo demasiado". El miedo y las preocupaciones son idénticos y una misma cosa. Las preocupaciones que te acosan se volverán infructuosas si tú no tienes miedo. ¿Por qué tenéis miedo, oh, vosotros, faltos de fe? Yo creo que el miedo predominante es el miedo a las pérdidas. Tal vez se tiene todo lo que la vida nos puede dar, pero se arrastra conocido león de la desconfianza. Oímos que refunfuña: "¡Esto es demasiado bueno para ser verdad! No puede durar". Y si le ponemos atención nos inquietaremos más.

Mucha gente ha perdido lo que más estimaba en la vida. Sin lugar a dudas, esto se debe a que temen la pérdida. La única defensa que pueden utilizar contra esos leones es la palabra.

La palabra es una varita mágica, llena de energía y poder. Si sacuden su varita por encima de su león, lo transformarán en un gatito. No obstante, el león permanecerá como león a menos que caminen sobre él. Algunos me preguntarán: "¿Cómo se hace para caminar entre los leones?" Moisés le dijo a su gente: "¡No tengan miedo, permanezcan tranquilos y sean testigos de la salvación del Señor, el cual este día aleccionará a los egipcios, con quienes ustedes han vivido hasta hoy; los verán por ultima vez y nunca más! El Señor peleará por ustedes y conseguirán su paz". ¡Qué pacto tan extraordinario!

La Inteligencia Infinita sabe cuál es la salida. La Inteligencia Infinita sabe dónde está el suministro para cada solicitud. Pero debemos tener fe, resguardar nuestro equilibrio y hacer nuestro mejor esfuerzo. Existen muchísimas personas que tienen mucho miedo de otras.

Evitan situaciones desagradables, e indudablemente la situación va detrás de ellos.

¡Uno de los Salmos más triunfantes es el Salmo 27!: "El Señor es mi luz y mi salvación, ¿a quién he de temer? El Señor es el refugio de mi vida, ¿por quién he de temblar?" También es cadencioso y musical. Quien lo escribió se dio cuenta de que ningún enemigo podía lastimarlo, porque el Señor era su luz y su salvación. No lo olvides, tus únicos enemigos están en tu interior. La Biblia nos menciona algo sobre los pensamientos del enemigo, sus dudas, sus temores, sus rencores, sus odios y corazonadas. ¡Toda situación negativa que haya en tu vida termina por cristalizarse, ha sido creada por tu infructuoso imaginar! No obstante frente a la Luz de la Verdad estas situaciones no pueden sostenerse. Así, afrontando sin miedo la situación, decretamos: "El Señor es mi luz y mi salvación; ¿a quién he de temer?"

Jesucristo fue el más grande metafísico, nos dejó reglas claras para controlar las situaciones por medio de la palabra y el pensamiento. "Tú deberás ser más sabio que mis enemigos." En primer lugar, debes ser más sabio que el ejército extranjero, los pensamientos de tus enemigos. Ante cada pensamiento negativo debes responder con una palabra de autoridad. Por ejemplo, el ejército extranjero cantará: "El negocio está en bancarrota, el dinero escasea". Deberás contestar de inmediato: "Mi suministro proviene de Dios y ahora brota como hongos durante la noche". Los tiempos difíciles no existen en el reino de Dios. Entre tanto deberás mantenerte totalmente alerta, como la canción de *Katy hacía*: "Katy hacía. Katy no hacía" y así sucesivamente. Al final saldrás victorioso, la Verdad predominará y habrás expulsado al ejército extranjero. Sin embargo si bajas la guardia, el ejército enemigo te atacará nuevamente diciendo: "Tú jamás tendrás éxito, no serás apreciado". Responde de inmediato: "Dios me estima, por consiguiente los demás me apreciarán. Nada puede obstaculizar el Plan Divino que me corresponde para alcanzar el éxito". Al final el ejército extranjero se dispersará y saldrá corriendo, dado que no conseguirá llamar tu atención. Habrás expulsado a los enemigos ávidos. Hambrientos de los pensamientos temerosos, pero no conseguirán tu atención ni tus actos de fe. La ferocidad del león proviene de tu miedo, su rugido nace de los temblores de tu corazón. Igual que Daniel, permanece tranquilo y muy pronto escucharás que llegan los ángeles que Dios envía para que te ayuden y acompañen.

La misión de Jesucristo era hacer que las personas tomaran conciencia. "Tú, que estás dormido, despierta". Los seres humanos se encuentran bajo el influjo del sueño Adámico de los opuestos. Creen que la escasez, la pérdida, el fracaso, el pecado, la enfermedad y la muerte son reales. La Biblia dice que Adán comió el fruto del árbol Maya de la Ilusión y cayó en un sueño profundo. Durante este profundo sueño él imaginó, vanamente, lo bueno y lo malo.

En su libro *Retorno a Matusalén,* Bernard Shaw afirma: "Adán concibió el crimen, el nacimiento, la muerte y todas las condiciones negativas". Esto se debió al avance del pensamiento racional. Evidentemente, Adán simboliza a la Mente Genérica. Durante la etapa del Jardín del Edén, el ser humano actuaba sólo en el superconsciente. Siempre que lo necesitara, cualquier deseo le era dado. Con el desarrollo del pensamiento racional se presentó la caída del ser humano. Pues comenzó a razonar sobre las insuficiencias, las limitaciones y el fracaso. Se *ganó el pan con el sudor de su frente,* en vez de ser provisto por la Divinidad.

El legado de Jesucristo fue traer a las personas de vuelta a la "cuarta dimensión", el Jardín del Edén consciente. En Juan 14 encontramos la recopilación de todas las enseñanzas de Jesús. Las llamó "evangelio," que significa "buenas nuevas". Con una maravillosa sencillez y sin desviarse, le dijo a la gente que si preguntaban y tenían confianza recibirían un milagro; atribuyendo este poder a la compañía constante del Padre. ¡Dios es el Dador, el ser humano el receptor! ¡La Inteligencia Suprema provee a las personas con todo lo que desean y necesitan! ¡Indudablemente, esta fue una doctrina para despertar a la gente! Y demostró lo que decía con prodigios y milagros.

La curación de un hombre que era ciego de nacimiento fue uno de los milagros más conmovedores. Los opositores de Jesús interrogaron a aquel hombre, tratando de encontrar algo para usarlo en su contra. Pero el hombre sólo dijo: "Únicamente sé algo, antes estaba ciego, ahora puedo ver". Esta es una extraordinaria afirmación que pueden utilizar por ustedes mismos: "Antes estaba ciego, ahora puedo ver". Posiblemente están ciegos frente a su bienestar, a las oportunidades, hacia donde los lleva la intuición; pero esa ceguera es aparente, tomando erradamente a los amigos por enemigos. Cuando abran los ojos al bien, sabrán que no existe enemigo alguno, porque Dios utiliza a cada persona y situación para su bien. Los estorbos son amistosos y los obstáculos son guijarros en el camino. Si se es uno con Dios, se es invencible.

Esta es una afirmación muy poderosa: "El Poder Invencible de Dios elimina todo lo que está frente a Él. Yo camino sobre las olas hacia mi Tierra Prometida". Caminando sobre las olas, tomando el rumbo hacia nuestro destino, ajeno a la marea de los pensamientos negativos, que nos harían zozobrar. Nuestros pensamientos y deseos siempre son tomados de algún lugar. Prentiss Mulford afirmó: "El propósito constante, ese enorme deseo, ese anhelo que jamás termina, es una semilla en la mente. ¡Está enraizada en ese lugar, está viva! ¡Jamás deja de crecer! Involucrada en ello hay una Ley maravillosa. Cuando se conoce esta Ley, hay que seguirla y confiar en ella, pues lleva a cada individuo a cosechar poderosos y bellos resultados. ¡Cuando se sigue esta Ley con los ojos abiertos, nos lleva hacia una vida más y más feliz; pero siguiéndola ciegamente, con los ojos cerrados, nos conduce hacia la desgracia!"

Esto quiere decir que el deseo es una gigantesca energía vibratoria y que se debe asimilar adecuadamente. Les doy esta afirmación: "¡Lo que la Inteligencia Infinita desea para mí, yo lo deseo. Exijo lo que me corresponde por Derecho Divino, así como estar en el Camino Perfecto bajo la Gracia!" En ese momento dejaremos de desear cosas malas, y los buenos deseos tomarán su lugar. Nuestros deseos tristes serán contestados amargamente, los deseos ansiosos se realizarán después de mucho tiempo o se cumplirán violentamente. Resulta fundamental no perder de vista este punto. Innumerables circunstancias desdichadas han sido provocadas por la tristeza o por los deseos ansiosos. Les daré un ejemplo. Conocí a una mujer que se casó con un hombre al cual le gustaba que ella lo acompañara todas las tardes. Salió tarde tras tarde hasta que deseó poder permanecer en casa y leer un libro. Su deseo fue tan fuerte que empezó a florecer, hasta que su esposo se fue con otra mujer. Ella lo perdió a él y a su apoyo; sin embargo ahora tenía suficiente tiempo como para quedarse en su casa y leer un libro. Nada se ha presentado en nuestra vida sin que lo hayamos invitado alguna vez.

Prentiss Mulford también tenía varias ideas interesantes acerca del trabajo. Él decía: "El éxito en cualquier empresa, en el arte, en el comercio o en cualquier profesión, sencillamente hay que mantenerlo siempre fijo en la mente como un objetivo, y entonces analizarlo para hacer que todo esfuerzo canalizado hacia él sea juego o diversión. El tiempo hace el trabajo duro, nosotros prosperamos".

Compruebo que esto es verdad cuando recuerdo lo que viví en el mundo de las artes. En una ocasión vinieron ocho hombres de la Academia de Bellas Artes de Filadelfia; todos eran más o menos de la misma edad, y llegaron a ser artistas distinguidos y exitosos. Fueron conocidos como Los Ocho en el Arte Contemporáneo. Ninguno de ellos fue reconocido alguna vez por trabajar duro. Jamás dibujaron a la antigua; nunca trabajaron en forma académica. Sencillamente se expresaron. Pintaron y dibujaron porque les gustaba o por mero entretenimiento. Solían contar una divertida historia sobre uno de ellos, que había sido un muy conocido artista del paisaje, se le habían otorgado muchas medallas y menciones honoríficas en varias exposiciones. En cierta ocasión, durante una exposición personal en una de las grandes galerías de la ciudad de Nueva York, él estaba sentado leyendo el periódico. Entonces una entusiasta mujer se aproximó rápidamente a él y le dijo: "¡Usted podría decirme cualquier cosa sobre el maravilloso hombre que pintó estos encantadores cuadros!" Y él contestó: "Por supuesto, yo soy el tipo que pintó todas estas condenadas cosas. Las pinto por diversión, y no me interesa si a las personas les gustan o no".

Antes estaba ciego, ahora puedo ver que mi trabajo es adecuado, la expresión perfecta de mí. Antes estaba ciego, ahora puedo ver el Plan Divino de mi vida claramente y diferente. Antes estaba ciego, ahora puedo ver que el Poder de Dios es el único Poder y que el Plan de Dios es el único Plan. El pensamiento todavía pelea con la creencia en la inseguridad. "¡Tú, que estás dormido, despierta!" Dios es nuestra perpetua garantía de mente, cuerpo y actos. "No consiente que nuestro corazón se altere, que ninguno de nosotros tenga miedo". ¡Si tu extenso despertar es bueno, nada te podrá perturbar y atemorizar! En el reino de la realidad no existen las pérdidas, carencias o fracasos siempre que se despierte en la Verdad; la pérdida, la carencia o el fracaso se desvanecerán de tu vida. Todas esa imágenes nacen de tu imaginar vano.

El siguiente ejemplo ilustra de qué manera trabaja la Ley. Cuando visité Londres, hace ya algunos años, compré una maravillosa pluma fuente en Asprey. Era japonesa y se llamaba Pluma Namike. Resultó ser muy cara, incluso al entregármela me dieron una garantía por treinta años. Estaba francamente impresionada, dado que cada verano, en el cinco de agosto para ser precisos, recibía una carta preguntando si la pluma seguía en buen estado; se podía haber pensado que había comprado un caballo. No se trataba de una pluma común y estaba muy orgullosa de ella. La llevaba conmigo todo el tiempo, pero un buen día la perdí. De inmediato comencé a negar la pérdida. Y dije: "No existe la pérdida en la Mente Divina, por esa razón no puedo perder la Pluma Namike. Me será devuelta o tendré su equivalente". En ninguna tienda de la ciudad de Nueva York, que yo supiera, se conseguían esas plumas y Londres estaba muy lejos, pero yo dejé todo en manos de la Mente Divina, era imposible que perdiera la Pluma Namike. Cierto día, mientras viajaba en autobús por la Quinta Avenida, mis ojos vieron, por una fracción de segundo, un símbolo en una tienda. Me pareció que en ese momento estaba de pie afuera en la luz. Y leí: "Tienda de Artesanías Orientales". Jamás había oído hablar de ella, pero tenía una fuerte corazonada, tenía que entrar y preguntar por una Pluma Namike. Me bajé del autobús, fui a la tienda y pregunté. La vendedora me dijo: "Así es, de hecho tenemos un gran surtido y acabamos de bajar su precio a $2.50". Di gracias al Señor y lo alabé. Compré tres plumas, y conté mi experiencia en una de mis pláticas. Muy pronto todas se vendieron, pues la gente se abalanzó para obtenerlas. Indudablemente, esta fue una asombrosa maniobra de la Ley; todo gracias a que estaba completamente atenta a mi bien y porque no dejé que ninguna mala hierba creciera donde mi intuición me indicaba.

El estudiante de la Verdad sabe que debe aplicar el Principio en sus asuntos diarios. "Reconózcanlo bajo todas sus formas y los llevará por sus vías". "En realidad, en verdad les digo que quien cree en mí, y en las obras que realizo, también le serán cumplidas, y además de éstas existen obras más grandes que deben realizarse, porque voy hacia mi Padre". ¡Qué fe tan extraordinaria tenía Jesucristo en el ser humano! Tuvo la visión de la batalla que se aproximaba. El hombre hecho a imagen y semejanza de Dios (imaginación). "Y a quienquiera de ustedes que implore en mi nombre, que lo haga, para que el Padre pueda ser glorificado en el Hijo." Si ustedes solicitan cualquier cosa en mi nombre se las daré. Él les explicó a las personas que este era un sistema de dar y recibir. Dios era el Dador, el hombre el receptor. "¿Tú creerías que no estoy en el Padre y que el Padre no está en mí? Las palabras que pronuncio para ustedes no hablan de mí, pero el Padre es quien vive en mí, Él es el que lleva a cabo las obras." Él les dijo a las personas: "busquen el reino", se refería al reino de las ideas perfectas, donde todas las cosas se les agregarán. ¡Él los despertó!

"Antes estaba ciego, ahora puedo ver, no hay nada que temer y no hay poder que me pueda lastimar. Veo frente a mí, claramente, el camino abierto de la realización. No existe nada que obstruya mi camino".

Tú lograste que Él tuviera el dominio sobre las obras de tus manos, todo fue puesto por ti bajo sus pies (Salmo 8, 6).

La gloria del Señor

¿Quién es ese Rey de la Gloria?

El Señor, él es el Rey de la Gloria

Salmo 24, 10

Busqué en el diccionario la palabra gloria, y estaba definida como resplandor, esplendor. "Mis ojos han visto el brillo del Señor", esto es la Ley en acción. No somos capaces de ver a Dios, porque Dios es el Principio, el Poder, la Inteligencia Suprema que habita dentro de nosotros; lo que sí podemos hacer es vernos como lo que somos, las pruebas de Dios. "Los probaré aquí a mi lado —dijo el Señor de la Hostia—, si no, abriré las ventanas del oído, y ustedes derramarán una bendición tan grande, que no habrá lugar lo suficientemente amplio para recibirla." Probamos a Dios, dirigimos su poder y confiando en Él realizamos el trabajo. Tenemos una prueba de Dios, cada vez que recibimos una demostración. Los deseos de tu corazón no se han manifestado, se debe, seguramente, a que lo "planteaste incorrectamente"; es decir, no pronunciaste la "oración adecuada". Recibirán la respuesta en equivalencia a la manera en que fue enviada la solicitud. Por ejemplo: deseos tristes serán contestados con amargura, los deseos ansiosos se aplazarán por mucho tiempo o se cumplirán violentamente. Digamos que está irritado por las carencias y limitaciones, y por vivir en un entorno pobre. Entonces dirá con gran sentimiento: "¡Deseo vivir en una enorme casa, con un ambiente encantador!" De esa manera, tarde o temprano, acabará siendo el conserje de una gran y bella mansión, pero no tendrá nada de esa riqueza. Esta idea se me ocurrió cuando pasaba frente a la casa y terrenos de Andrés Carne- gie en la Quinta Avenida. Parecía que todo estaba cerrado, la puerta y las ventanas estaban tapiadas hasta arriba. Sólo había una ventana abierta en el sótano. En ese lugar era donde vivía el conserje. En realidad era un cuadro muy triste. Así que afirmemos (o deseemos) con alabanzas y dando gracias, para que seamos testigos de la gloria de la Ley en acción.

Toda vida es vibración. Nosotros armonizamos con todo aquello de lo que somos conscientes, es decir armonizamos con lo que vibramos. Si vibras con la injusticia y el odio sin duda los encontrarás, a cada paso, en tu camino. Creerás indudablemente que la vida es dura y que todo está en tu contra. Hermes Trismegisto lo explicó hace varios miles de años: "Si cambian sus sentimientos deberán cambiar sus vibraciones". Pero yo lo vuelvo más poderoso y digo: "Cambia tu mundo y deberán cambiar tus vibraciones". Ténganlo presente en un sitio distinto, en el arranque de su pensamiento, y de inmediato notará la diferencia. Digamos que guardas rencor contra alguien que te ha dicho que no te estima. Pronuncie el siguiente decreto: "Dios me estima, por tal motivo, esa persona me estima, y yo me estimo a mí mismo". Instantáneamente notará algunas manifestaciones en lo externo. En este momento tú eres un obrero del Señor, tus herramientas son las palabras. Por eso debes estar seguro de que construyes adecuadamente, acorde con el Plan Divino. El juez Thomas Troward dijo: "El ser humano es un distribuidor del Poder de Dios, él no engendra esa energía". En la Epístola a los Hebreos 2, 6 leemos: "¿Qué es el hombre, que te acuerdas de él? ¿O el hijo del hombre, que de él te preocupas? Tú hiciste de él un pequeño todo amor un poco inferior a los ángeles: y lo coronaste con gloria y honor. Tú hiciste que tuviera el dominio sobre las obras de tus manos. Tú has puesto todas las cosas debajo de sus pies". El Señor ha puesto todas las cosas debajo de nuestro entendimiento.

Actualmente estamos en la era del entendimiento. Ninguno de nosotros tiene más fe que los campesinos, pero tenemos la fe del entendimiento. Salomón afirmó: "Junto con todo lo que consigues, consigues entendimiento"; entendamos la forma en que trabaja la Ley Espiritual, para que ese poder se distribuya en nuestro interior positivamente.

La Ley de leyes es hacer para los demás lo que haríamos por nosotros; sin importar lo que sea, aquello que enviemos a otros se nos regresa, lo que hagamos retornará a nosotros. Por ejemplo, aquella mujer que deja de chismorrear, se resguarda de los chismorreos. La gente que critica será criticada todo el tiempo. Esto se debe a que viven en esa vibración. También es común que el reumatismo sea causado por los pensamientos amargos, pues estos crean acidez en la sangre, que es la causa del dolor en las articulaciones. El otro día leí un artículo en el periódico. En ese artículo se decía que un doctor tuvo una experiencia muy rara con una de sus pacientes. Aquella mujer se acaloraba cada vez que su suegra la visitaba. Eso no tiene nada de raro, pero en el momento en que ella se acaloraba (pensemos en todas las ocasiones en que hemos oído a las personas decir que el enojo las quema), le daba una calentura tremenda. No estoy hablando de todas las suegras. Conozco a muchas que son maravillosas, y sólo han traído paz y armonía con ellas. Los problemas en la piel son un indicio de que hay algo debajo de ella. Por ejemplo, irritación o enojo. Una vez más comprobamos que el ser humano es el que, por sí mismo, encauza el Poder de Dios. Si armonizas con ese Poder, todas las cosas estarán bajo tu dominio: "Toda oveja y buey, incluso las bestias del campo. El ave de los aires y el pez del mar, y cualquier cosa que cruce el curso de los mares." ¡Qué cuadro de poder y mando para los seres humanos!

La humanidad tiene autoridad y poder sobre todos los elementos. Debemos ser capaces de "amonestar al viento y las olas". Debemos acabar con la sequía. Leí en el periódico que a las personas de cierta región árida se les pidió que no cantaran para llamar a la lluvia, pues "no volvería a llover jamás". Estas personas, que entendían algo de metafísica, tomaron conciencia del enorme poder de las palabras negativas. Percibieron que tenían que hacer algo para evitar la sequía. Los diluvios y epidemias se pueden detener: "El poder y el dominio sobre todas las cosas creadas le ha sido dado al ser humano".

Siempre que conseguimos una manifestación, estamos demostrando nuestro poder y dominio. ¡Para que el Rey de la Gloria llegue, tenemos que elevar nuestra conciencia! Cuando leemos: "Tu cuerpo entero estará lleno de luz, si tu ojo es único", nos sentimos inundados por un resplandor interno. El ojo únicamente piensa en ver el bien, o estar tranquilo frente a lo que es aparentemente malo. Como dijo Jesucristo: "No juzgues por las apariencias: juzga el acto virtuoso (correcto)". Existe una Ley oculta conocida como la indiferencia. Esta Ley era conocida por Jesucristo: "Nada de esto me mueve". Poniéndolo en palabras más modernas diríamos: Nada de esto me perturba. La derrota y el fracaso vendrán debido a nosotros. "Ellos trabajarán en vano construyendo su casa, a menos que el Señor lo haga". La habilidad de imaginar es una facultad creadora y, como resultado de su imaginación retorcida, sus miedos terminarán por manifestarse en el mundo exterior. Gracias al ojo único el ser humano sólo ve la Verdad. Ve a través de la maldad, sabe cómo hacerla a un lado para que la bondad se presente. Transforma la injusticia en justicia y cuando transmite su buena voluntad desarticula a los enemigos aparentes. Ahora, Él regresará por las incontables hostias de Poder, por el ojo único que sólo ve la victoria.

En la mitología encontramos varios pasajes que hablan sobre los Cíclopes, una raza de gigantes, que se decía habían habitado en Sicilia. Estos gigantes tenían en medio de la frente un solo ojo. El sitio preciso donde radica la facultad de imaginar se encuentra en la frente (entre los ojos), así que estos legendarios gigantes nacieron de esta idea. Cuando tiene "el ojo único", usted realmente se transforma en un gigante.

Jesucristo, quien fue el más grande de todos los maestros, afirmó: "El *ahora* es el tiempo adecuado, *hoy* es el día de su salvación". Hace algunos días, vi una película que demostraba la tontería que es tratar de vivir en el pasado. Se llamaba *Bailando en la vida* y era una película francesa. Contaba la historia de una mujer, que a los dieciséis años había asistido a su primer baile. En ese momento era viuda y tenía más o menos treinta y cinco años. Había contraído matrimonio por dinero y jamás había conocido la felicidad. Mientras quemaba unos papeles viejos, encontró un decolorado programa de baile. En él estaban escritos los nombres de los seis muchachos que habían bailado con ella. ¡Cada uno de ellos le había jurado amor eterno! Entonces ella se sentó con el programa entre sus manos y el recuerdo de aquel baile apareció; era una escena maravillosa, los bailarines parecían flotar bajo el influjo de la música de un vals fascinante. La vida de esa mujer estaba vacía en ese momento, por eso decidió recuperar la juventud perdida, y comenzó a averiguar qué había sido de cada uno de aquellos muchachos cuyos nombres estaban en el programa. Un amigo que la acompaña le dice: "No puedes recobrar tu juventud perdida; si tratas de regresar al pasado perderás lo que tienes hoy". Sin hacer caso, comienza la búsqueda, y aunado a ésta, comienzan los desencantos. Uno de esos muchachos ni siquiera la recordaba. Cuando ella le preguntó: "¿No te acuerdas de mí? ¡Soy Cristina!" Él dijo: "¿Cuál Cristina?" Incluso varios de ellos vivían mezquinamente. Finalmente regresa a su pueblo natal, ahí seguía viviendo el quinto hombre. Trabajaba como estilista. Y mientras le hacía un permanente, recordaba con alegría los viejos tiempos. Entonces le dijo: "Me imagino que no se acuerda de su primer baile, fue aquí mismo en este pueblo; esta noche se celebrará un baile en el mismo sitio. Acompáñeme, ¡así podrá recordar los viejos tiempos!" Ella lo acompaña al baile; pero todo le parece trivial y desagradable. Las personas que están en la pista de baile están mal vestidas y carecen de encanto. ¡Ella le pide a la orquesta que toque su vals, el vals de su juventud perdida! Sin embargo, su compañero le dice que a las demás personas no les gustará un vals tan viejo. A pesar de todo, lo tocan. El contraste es muy grande; todos sus ensueños se han esfumado. Se da cuenta de que el baile que recuerda en realidad jamás existió como ella lo había creído. Sólo era una ilusión del pasado. Ella no podía recuperar su pasado.

Se ha afirmado que los dos ladrones que estaban en la Cruz, simbolizan los ladrones del tiempo. Uno hablaba del pasado y el otro del futuro; entonces Jesucristo dijo: "El *ahora* es el tiempo adecuado, hoy tú estarás conmigo en el Paraíso". Un antiguo poema escrito en sánscrito nos dice: "Por eso, miren atentamente en este día. Tal es el saludo de la aurora". Cualquier preocupación y miedo se transforma en ladrón del tiempo.

La Ley oculta de la indiferencia profunda es una de las más difíciles de seguir, ya que contiene el logro de un estado de conciencia, en el cual el mundo externo de sensaciones no influye de ninguna manera en la acción de la mente, y gracias a esto se puede estar en completa comunión con la Mente Divina. Para la mayoría de las personas su vida es una sucesión interminable de desequilibrios: insuficiencias, pérdidas, limitaciones, suegras, jefes, deudas e infamias. Este mundo es conocido como "valle de lágrimas." Todas las personas están totalmente enredadas en sus propios asuntos, luchando sus batallas y soportando sus cargas. Si alguien juzga a otro basado en las apariencias, la mayor parte del tiempo se encontrará a sí mismo en el banquillo de los acusados. Este banquillo se encuentra en medio de las situaciones adversas y enfrentando a los leones de las carencias y restricciones. "Si tu ojo es malo (si estás imaginando situaciones adversas) todo tu cuerpo se llenará de oscuridad. ¡Así es, tan grande es esa oscuridad que por esa razón la luz que está en ti es negra!" La luz del cuerpo es el ojo interno (o facultad de imaginar); por eso tu ojo es único, tú estarás viendo un solo poder, un plan y un diseñador, tu cuerpo y tus asuntos estarán repletos de Luz. Así, te verás todos los días bañado en la Luz de Cristo. Ese brillo interno es un poder invulnerable y elimina cualquier cosa que no esté contemplada en el Plan Divino. Elimina todas las apariencias de enfermedad, escasez, pérdida o limitación. Elimina las situaciones adversas, o "cualquier arma que se levante en contra suya".

Siempre debemos tener preparada nuestra afirmación, esa Luz que se presenta cuando nuestro ojo es único. Tenemos que aprender a regresar a esa Luz, con la misma certeza con la que retornamos a la luz eléctrica. "Primero busca el reino de Dios y Su virtud, así todas las cosas buenas te llegarán por añadidura." Un antiguo refrán chino dice: "El filósofo deja que el sastre confeccione su abrigo". De la misma manera, permitamos que el Diseñador Divino cree el Plan de nuestra vida y descubriremos que las condiciones son perfectas eternamente.

Paz y prosperidad

"Dentro de tus paredes está la paz
y en tus palacios la prosperidad"
(Salmo 122, 6-7).

Gracias a esta frase nos damos cuenta que la paz y la prosperidad van de la mano. Quienes manifiestan la apariencia de carencias, viven en un estado continuo de miedo y confusión. No están plenamente atentos a su bienestar, pierden el rumbo y sus oportunidades. Una persona pacífica es una persona con una amplia visión. Ve claramente y actúa velozmente. Jamás cae en el engaño.

He sido testigo de cómo personas confundidas e infelices cambian totalmente. Ahora les daré un ejemplo para explicar el funcionamiento de la Ley. Una mujer vino a verme en un degradante estado de tristeza. Se veía despedazada. Dado que lloraba continuamente, sus ojos estaban manchados. Su cara estaba pálida y cansada. El hombre que ella amaba la había abandonado e indudablemente era el ser más desgraciado que haya visto alguna vez. Noté la forma de su cara: ojos grandes, con la mirada lejana y una barbilla afilada. Fui durante varios años artista y adquirí el hábito de observar a las personas desde el punto de vista artístico. Cuando observé a esa criatura abandonada, pensé que su cara tenía la forma de un Botticelli. Frecuentemente veo Rembrandts, sir Joshua Reynolds, etcétera, en personas que encuentro. Pronuncié la palabra adecuada para esta mujer y le obsequié mi libro *El juego de la vida y cómo jugarlo*. Pasadas una o dos semanas, mientras daba un paseo me topé con una mujer. Tenía unos ojos hermosos y se veía muy bonita. Recuerdo que pensé: "Este rostro tiene la forma de un Botticelli". ¡Súbitamente me di cuenta de que era la misma mujer! ¡Se veía feliz y despreocupada! ¿Qué había sucedido? Nuestra plática y la lectura del libro le habían dado paz.

"¡Dentro de tus paredes está la paz!" Las "paredes" representan tu conciencia. Jesucristo le dio mucha importancia a la paz y a la tranquilidad. "Todos los que estén cansados y agobiados por su carga, vengan a mí y les daré alivio". Él se refería al Cristo que hay dentro de ti, tu mente superconsciente, donde no existen las cargas ni batallas. Los miedos, las dudas y las imágenes negativas habitan en el subconsciente. Hace algunos años, cuando regresaba de California, venía en un avión; estando en las alturas me invadió un curioso sentimiento de abandono. En las alturas nos encontramos en paz con nosotros mismos y con el resto del mundo. En las alturas los campos siempre se ven blancos por la cosecha. Únicamente los sentimientos evitan que seguemos nuestra cosecha de éxito, felicidad y abundancia. En la Biblia podemos leer: "Les restituiré los años de cosecha que las langostas han devorado". Bien, ahora podemos parafrasear y decir: "Les restauraré los años de éxito y felicidad que los sentimientos han destruido". Las personas que son tambaleadas por las dudas y temores, atraen el fracaso, la infelicidad y la enfermedad.

Leí en un periódico que, por lo general, las Leyes de la mente son aceptadas y entendidas. Se ha descubierto que el miedo al fracaso es el más grande de todos los miedos, y que al menos un setenta y cinco por ciento de los examinados psicológicamente tienen este temor. Evidentemente, esto también se refiere al fracaso en la salud, en los negocios, en las finanzas, en el amor, en el éxito, etcétera. Otros miedos importantes son: el miedo a la oscuridad, a estar solo, a los animales. Muchas personas tienen miedo a no ser entendidas, mientras que otras temen perder la cordura. Si se tiene miedo constantemente y por un tiempo prolongado, las glándulas se ven afectadas; éste obstruye la digestión y comúnmente está asociado con los síntomas de los padecimientos nerviosos. Los miedos le roban al cuerpo la salud y destruyen la tranquilidad.

El peor enemigo de los seres humanos es el miedo mismo, ya que provoca que sigamos temiendo. La mala fe suele a perturbarlo. Se trata, entonces, de mala fe colocada en donde debería estar la buena. "¿Por qué tienen miedo, oh, ustedes los faltos de fe?" El valeroso, que tiene la mente clara, atrae hacía si todo lo bueno. Cualquier solicitud o deseo está aguardando en su camino. "Antes de que llames te habré contestado."

Ahora, parafraseando las Escrituras supongamos que decimos: "Cualquier cosa que solicites o desees ya está esperándote en tu camino". Frecuentemente una nueva palabra súbitamente cumplirá la realización. Si lo que necesita es información sobre algo, le será dada. Una buena amiga mía amiga contó esta sorprendente actividad de la Ley. Ella estaba traduciendo un antiguo manuscrito italiano que hablaba sobre la vida de un antiguo gobernante persa. No se había escrito ningún libro en inglés sobre el tema. Deseaba saber por qué razón los editores habían pospuesto su publicación. Una tarde mientras comía en un restaurante, ella comenzó a conversar con un hombre que estaba en la misma mesa. Ella le contó sobre del trabajo que hacía y la traducción del antiguo manuscrito italiano. Rápidamente él le dio mucha información: "Tendrá muchas dificultades para lograr que publiquen su libro, pues las ideas de ese gobernante persa se oponen a las ideas del gobierno actual". Él era estudiante y sabía más que ella sobre el asunto. Así aquel joven en el restaurante contestó su pregunta. Usualmente, esa información podía conseguirse únicamente en los archivos de alguna biblioteca pública. Dios se manifiesta en lugares insospechados. Sus milagros se realizan. Ella se había inquietado por esa razón, pero cuando estuvo en paz, feliz e indiferente, la información navegó hacia ella sobre un mar en calma.

"¡Oh, Jerusalén! Nuestros pies se mantendrán firmes dentro de tus puertas." Jerusalén simboliza la paz y el fundamento para el entendimiento. De esa manera el entendimiento siempre nos lleva hacia las puertas de la paz. ¿Cómo puede encontrar la paz una persona cuando toda su vida está en conflicto? Pronunciando la palabra correcta. Quizá no pueda controlar sus pensamientos pero puede controlar sus palabras, así poco a poco la palabra vencerá. La mayor parte de las personas han atraído la inarmonía porque han peleado sus propias batallas y aguantado sus cargas. Para que podamos armonizar o arreglar cada situación, debemos aprender a seguir los caminos de Dios. La palabra "armonizar" es excelente; he visto cómo endereza caminos torcidos, y realiza innumerables ajustes que ninguna mente humana hubiera podido concebir. Todo lo que el Reino produce es para ti, otorgado por la Inteligencia Infinita en el camino correcto, porque tiene ya garantizado un suministro abundante para cada solicitud. Pero tiene que haber plena confianza. Si hay dudas o temores, pierdes el contacto con esta Fuerza Suprema. Si eso te sucede será necesario que demuestres con algo tu fe. "La fe sin trabajo (o acción) es la muerte." La fe activa graba en el subconsciente la esperanza y te mantiene contactado con la Inteligencia Infinita. Tal y como Wall Street vigila el mercado de valores, tenemos que vigilar el mercado de nuestra fe. Con mucha frecuencia el mercado de la fe baja. Puede llegar a bajar tanto que se derrumba: se trata de situaciones infelices que podíamos haber evitado. Cuando esto sucede nos damos cuenta que el pensamiento racional, en lugar de la intuición, fue el que nos guió.

Conocía a una mujer que tenía varias pistas concluyentes que le indicaban qué camino debía seguir. Pese a esto, terminó por escuchar lo que la razón le dictaba y una gran desdicha bajó sobre ella. Nuestra guía certera es la Intuición. Practica haciendo caso de los pequeños detalles, posteriormente lo harás para las cosas grandes. Tengo una amiga que es muy intuitiva. En ocasiones me llama por teléfono y me dice: "Tengo una corazonada y te llamé ya que tal vez tú sepas de qué se trata". Sin que falle jamás, en esos momentos tengo alguna tarea para ella. En verdad estamos viviendo vidas mágicas; guiados, protegidos y proveídos. Todo los miedos desaparecerían para siempre con el establecimiento de este maravilloso sistema que el Universo ha dado a los seres humanos. La humanidad se mantendría firme ante las apariencias desfavorables, sabiendo lo que los primeros hebreos supieron: "El Señor, nuestro Dios, va a la vanguardia y gana todas las batallas".

Esta interesante historia me la contó un amigo. Había un hombre que estaba en el negocio del papel en Kalamazoo, Michigan, y había obsequiado mil ejemplares de mi libro a sus empleados. Él comenzó su negocio con un pequeño capital y dejando a un lado los juicios calculadores y el razonamiento. Ha erigido un negocio de más de doce millones de dólares por escuchar a sus guías y corazonadas. Todos los que trabajan para él tienen algún conocimiento de la Ley metafísica.

Hubo otro hombre que construyó su negocio basándose en la Ley de dar y recibir, y alcanzó un éxito asombroso. Él vino a Filadelfia con poco dinero y compró una revista, una vieja publicación. Su deseo era dar a la gente un gran servicio por un precio muy pequeño. Creyó en la ley de dar. Resultó una de las revistas más populares. Le dio al público lo mejor en forma de historias e ilustraciones y pagó bien por ellas. ¡Entre más dio, más recibió; y muchísimo dinero cayó sobre él! "¡Dentro de tus paredes está la paz y en tus palacios la prosperidad!" La paz y la prosperidad van de la mano. "Los que aman tu ley tienen Gran Paz y nada los dañará." Esta ley es la Ley de la no resistencia. "Supera a la maldad, ve más allá de lo malo con lo bueno." Transforma cualquier fracaso en éxito, la escasez en abundancia, y discordia en armonía.

Tu gran oportunidad

Sólo tienes un juez: tu palabra. Jesucristo afirmó: "Les digo que cada palabra indolente que las personas pronuncian, será tomada en cuenta para el día de su Juicio; por sus palabras serán salvados o condenados". Todos los días son el día del Juicio. Nosotros intentamos enseñar que esta situación seguirá así hasta el fin del mundo. Si miramos atrás en nuestra vida nos damos cuenta que nuestras palabras han invitado a la felicidad o a la calamidad. El subconsciente no tiene sentido del humor. Las personas suelen bromear negativamente sobre ellos mismos, pero el subconsciente lo toma muy en serio. Mientras están hablando la imagen mental que crean se graba en el subconsciente y termina por materializarse en el exterior. Quien conoce el poder de la palabra hablada suele ser muy cuidadoso durante sus conversaciones. Para saber cuándo se vuelven nulas sus palabras tiene que observar la reacción que provocan. La gente comete sus peores equivocaciones cuando habla llena de furia y con rencor, porque hay tanto odio en sus palabras que terminan por volver. Debido al poder vibratorio de las palabras que usamos, comenzamos a atraer cosas. Alguien que frecuentemente habla de enfermedad, invariablemente atraerá la enfermedad.

Las fuerzas invisibles continuamente están trabajando para los seres humanos, y son ellos mismos quienes están jalando de las cuerdas, aunque no lo sepan. En la Biblia encontramos el siguiente pasaje: "La vida y la muerte están en manos de la lengua". De hecho la mayor parte de la gente habla destructivamente desde el amanecer hasta que anochece. Y es así porque se acostumbraron a no dejar de criticar, juzgar y quejarse de todo, están ansiosos de comentar con todos sobre sus desgracias y qué tan malos son sus familiares. Esas personas terminan por fastidiar a sus amigos y los demás los evitan. Hablan de sus problemas todo el tiempo. ¿Pero si ya conocemos el poder de la palabra, por qué no lo aprovechamos? Sacamos provecho de la radio, el teléfono y los aviones; pero estamos inmersos en la confusión en nuestra plática.

Ahora la ciencia y la religión se unen. La ciencia descubre el poder que hay dentro del átomo; la metafísica enseña el poder que guardan los pensamientos y las palabras. Cuando manejamos las palabras es como si estuviéramos manejando dinamita. ¡Tan sólo piense en el poder que tiene la palabra para curar! Un cambio químico se produce en el cuerpo cuando una palabra es pronunciada.

Una amiga mía se enfermó gravemente. El doctor le diagnosticó bronquitis crónica y estaba a punto de contraer pulmonía. Sus hijas y el doctor estaban todo el tiempo a un lado de su cama, incluso tenía una enfermera particular; sin embargo pasaban los días y ella no mostraba ningún signo de mejoría. Era una estudiante de la Verdad, pero hacía más de un año había asistido a la última reunión, ni siquiera había dado seguimiento a las lecturas. Hasta que una mañana me telefoneó y me dijo: "¡Por favor pronuncia la palabra adecuada y líbrame de esto! Ya no puedo levantarme; no sólo estoy enferma, estoy derrotada. Mis palabras y pensamientos son tan negativos, que mi ánimo anda por los suelos". Gracias a la palabra hablada y su afirmación de la Verdad de inmediato se notó una mejoría. Tenía la firme corazonada de que saldría avante y de que estaría fuera de peligro, siempre que siguiera la Guía Divina. Cuando salió del hospital me llamó e invitó a almorzar al día siguiente. ¿Qué sucedió? Las palabras de la Verdad provocaron un cambio en su mente y, por consiguiente, un cambio químico se había dado en su cuerpo. Si decimos que creemos y jamás titubeamos, podemos decirle a cualquier montaña (obstáculo): "Tú desaparecerás"; y se hundirá en las aguas.

Por medio de sus buenas obras el ser humano libera la energía inagotable que habita dentro de él.

Un hombre sin miedos, que es tranquilo, envía sus buenas obras a los demás y a todas las naciones; sería capaz de enfrentar a las montañas de odio y guerra y decirles: "Ustedes desaparecerán"; y regresarán a su nada original.

El odio y el fanatismo le quitan al ser humano su poder. Sería bueno que en el Metro y las tiendas hubiera letreros que digan: "¡Pon atención a tus pensamientos!" "¡Cuida tus palabras!"

Ahora tenemos que ser cuidadosos en la forma de encauzar esa poderosa energía que hay dentro de nosotros. Debemos encauzarla hacia la salud, las bendiciones y la prosperidad, enviarla en olas de bondad por todo el mundo. ¡Que esa poderosa energía emerja, pero silenciosamente! El pensamiento, que es la energía más poderosa del Universo, no tiene sonido. Tus buenas obras eliminan todos los obstáculos que hay en tu camino y liberan los deseos de tu corazón. ¿En realidad qué te corresponde? La respuesta es: "Todo lo que el Reino provee es tuyo". Cada buen deseo de tu corazón se te ha prometido. En la Biblia, encontramos tres mil promesas, pero esos obsequios únicamente pueden venir a nosotros si creemos en ellos, todo viene *por ti*, no a ti. La vida es vibración. Siente la riqueza y atraerás riqueza. Siente el éxito y el éxito llegará.

Escuché la historia de un jovencito que había nacido en un pequeño pueblo sin oportunidades, sin embargo él siempre pensaba en el éxito; tenía la firme convicción de que llegaría a ser un artista reconocido. Nada podía desalentarlo porque él era el éxito mismo; únicamente pensaba en el éxito; un éxito refulgente. A muy corta edad, abandonó su pueblo natal y se fue a la gran ciudad; para reafirmar su posición, consiguió un trabajo como artista ilustrador en un periódico que se publicaba diariamente, todo esto sin tener experiencia previa. Jamás pasó por su mente algo que le dijera que no lo conseguiría. Asistió a una escuela de arte y de inmediato destacó. Nunca aprendió de una forma académica. Recordaba todo lo que veía. Pocos años después de haber llegado a la ciudad, se convirtió en un artista reconocido.

El éxito llegó a él porque siempre veía éxito. "Te daré la tierra que buscas."

A los hijos de Israel se les prometió que toda la tierra que alcanzaran a ver sería suya. La Biblia es un libro metafísico y se comunica con el individuo. Frecuentemente, nos dice a todos nosotros: "Te daré la tierra que buscas". ¿Qué estás visualizando con tu ojo interno? ¿Qué imágenes invitas a tu vida? Se conoce la capacidad de imaginar como las tijeras de la mente. Si tienes pensamientos de fracaso, podrás neutralizarlos con un pensamiento de éxito. Esto suena muy sencillo de hacer, pero cuando la idea del fracaso se ha arraigado profundamente, hay que estar atento todo el tiempo para eliminarla. En esos momentos se necesita pronunciar una poderosa afirmación. El pensamiento no siempre se puede controlar, lo que sí se puede controlar es la palabra, y poco a poco la palabra se graba en el subconsciente y salimos victoriosos.

Si tu mente está sumida en lo negativo sólo toma está afirmación: "¡Contemplo extasiado todo lo que está frente a mí!" Crea la esperanza de algo extraordinario y algo extraordinario vendrá a ti. Fomenta la idea de que los milagros y las maravillas ocurrirán. Cultiva la esperanza del éxito.

Son pocas las personas que traen a su vida lo adecuado. Viven en los márgenes de los deseos de su corazón. Siempre les parece que todo es demasiado bueno para ser verdad. Para quienes están despiertos espiritualmente nada es demasiado bueno para ser verdad.

Si lo que quiere es escuchar a las personas que todavía están sumidas en el sueño Adámico, vaya a un salón de belleza. El sueño Adámico es la aparente existencia de los opuestos. Adán cayó en un profundo sueño después de haber comido el fruto del árbol de la Maya de la Ilusión. Evidentemente, Adán representa al hombre genérico; la batalla del hombre. La inútil contienda del hombre imaginando pérdidas, escasez, fracasos, pecado, enfermedad y muerte. El despertar del hombre sólo puede ser por un poder, Dios, y una condición, el bien. Pero volviendo al salón de belleza. Lo que voy a contar a continuación es una cita exacta y un excelente ejemplo de lo que uno suele escuchar por ahí. Una mujer que se sentó a mi lado dijo con voz fuerte: "¡Aquí hace demasiado calor! Enciendan el ventilador o abran las ventanas". Una de las empleadas le preguntó: "¿Cómo se siente hoy, señora S?" Y, suspirando profundamente, ella le dijo: "Oh, estoy bien, pero tengo que cuidarme del mal tiempo". A lo que la manicurista contestó, "¿Por qué no usa lentes?" Aquella mujer respondió: "¡No necesito lentes, por qué debo usarlos!" Entonces la manicurista le contestó: "Porque todo el mundo los usa. Si se hace un examen descubrirá que hay algo malo en sus ojos". Cuando finalmente todo termina le parece apático y se pregunta si ellos realmente tenían razón o sólo lo aparentan. Y se encuentra en un camino de desconfianza y oscuridad. Esto es un ejemplo de lo que podemos escuchar por ahí; la manera en que la mayoría de las personas hablan. Resulta terrible ver esto cuando uno entiende el verdadero poder de la palabra, pues se puede ver lo que ellos están atrayendo para sí mismos y para quienes los rodean, hablando de enfermedades y cirujías.

Vuélvete uno con aquello que sientas que no describe nada negativo para combinarte con ello.

¿Qué te corresponde realmente? Aquellas bendiciones que te reconfortan por lo que dicen o las palabras silenciosas; las cosas que ves con tu ojo interno. Solamente tus dudas, miedos y odios alejan lo bueno de ti. Si odias o estás enojado por algo, sin pensarlo has amarrado esa cosa a ti; por lo que atraerás más miedo y enojo. Por ejemplo, una persona te ha tratado injustamente y te has llenado de cólera y rencor. Además no te sientes capaz de perdonar a esa persona. Así pasará el tiempo y te sucederá lo mismo con alguien más. Esto es así porque en tu subconsciente está grabada una imagen de injusticia. Y la misma historia se repetirá una y otra vez hasta que tu pensamiento sea maldecido con la desgracia y la infamia. Sólo existe una forma de contrarrestarlo. Permanece totalmente tranquilo frente a la injusticia y envía tus buenas obras a todos los involucrados. "Mis buenas obras son una poderosa fortificación rodeándome. Ahora convierto a todos mis enemigos en amigos, todo lo negativo en concordia, toda injusticia en justicia". Te sorprenderás de la forma en que trabaja la Ley. Con ayuda de esta declaración un estudiante llevó armonía al caos que reinaba en sus negocios.

Convierte en polvo a los tiempos difíciles, no mires hacia atrás o te encontrarás nuevamente bajo esas condiciones. Da las gracias por el amanecer de un nuevo día. Debes permanecer inmune ante todo desánimo y situación adversa.

Todo lo que quieras o necesites se encuentra en tu camino, pero tu despertar debe real para que se manifieste tu bienestar. Después de pronunciar las afirmaciones de la Verdad, súbitamente tendrás una fugaz manifestación. De repente te sentirás en un nuevo ambiente. Sentirás que todas las condiciones negativas que hubo en el pasado desaparecen. En cierta ocasión le dije a una mujer: "En este momento las murallas de la carencia y tardanza se derrumban a lo lejos, y entrarás a tu tierra prometida, por la gracia". Ella me dijo que, de repente, tuvo la imagen fugaz de una pared que se derrumbaba en la lejanía y que caminaba sobre ella. Tiempo después de esto, el cambio que necesitaba se presentó y, realmente, entró en su Tierra Prometida de Abundancia.

Conocí a una mujer cuya hija anhelaba tener un hogar y un esposo. En la época en que era adolescente, la hija había sufrido una decepción cuando se vino abajo una propuesta matrimonial. Debido al miedo y la desconfianza cuando un potencial compromiso se presentó en su vida, la muchacha se puso frenética, se imaginaba vívidamente otra desilusión. Su madre vino a verme para que pronunciara la palabra adecuada encaminada a ese matrimonio, el cual al ser planeado Divinamente no podía fracasar. Durante la entrevista la madre la llamaba insistentemente: "¡Pobre Nelly! ¡Pobre Nelly!" Entonces le dije: "Deje de llamar a su hija 'pobre Nelly'. Ayúdela a desmagnetizarse. Llámela 'Nelly afortunada' o 'Dichosa Nelly', ya que debe tener fe en que Dios cumplirá los deseos de su corazón". La madre y la hija no dejaron de pronunciar sus afirmaciones. Ahora ella es la señora Nelly, su Plan Divino se ha cumplido y el demonio del miedo desapareció para siempre.

En la Biblia encontramos afirmaciones maravillosas que sirven para neutralizar las formas de pensamientos negativos: "El poder del Espíritu es fuerte incluso para derribar murallas". La mente humana está indefensa para enfrentarse a esos pensamientos negativos. Estando con Dios, la mente supercons- ciente, la victoria es nuestra.

"Por lo demás, hermanos, todo cuanto hay de verdadero, de noble, de justo, de puro, de amable, de honorable, todo cuanto sea virtud y cosa digna de elogio, todo eso tenedlo en cuenta" (Filipenses 4, 8).

Si la gente hiciera caso de esto, harían una pequeña pausa durante sus pláticas, hasta que aprendieran a hablar sobre cosas favorables.

No preocuparse por nada

Gracias al conocimiento de la Biblia sabemos que no debes estar preocupado o temeroso, acumular o atesorar cosas, porque un poder imbatible e invisible se encuentra en las afirmaciones que los seres humanos pronuncian para proveer cada necesidad. No obstante, es necesario decirte que la palabra no actuará a menos que creas en Él. "Si comienzas a creer en el Poder de Dios, entonces todas las cosas serán posibles". Resulta difícil para los seres humanos creer en este poder, porque han tenido una educación total en desconfianza. Se supone que la cumbre de la sabiduría es la frase: "Sólo creeré en lo que puedo ver". Vivimos en un mundo superficial, donde se cree que todo "simplemente sucede". No acabamos de entender que lo contrario a todo lo que sucede sin razón es que todo tiene una causa, que somos nosotros mismos quienes accionamos la maquinaria que origina lo bueno o lo malo en nuestro entorno.

No somos conscientes de que esas palabras y pensamientos son como una carga de dinamita, y que deben manejarse con mucho cuidado, con sabiduría y entendimiento. Arrojemos hacia fuera, al éter, las palabras de ira, rencor e incluso la lástima, después de eso podremos preguntarnos por qué la vida es tan dura.

Evitemos jugar con la fe; tengamos plena confianza en el Poder Invencible de Dios y "no estemos ansiosos por nada"; pero "en todo apoyémonos en la oración y la gratitud, que permiten que nuestras demandas lleguen hasta Dios". ¿Acaso hay algo que sea más sencillo o efectivo? La ansiedad y la rutina se han convertido en hábitos. En el subconsciente se han cimentado viejas formas de pensamiento que persisten como percebes adheridos al casco de un barco. Así como ese barco se coloca en un dique seco de vez en cuando para arrancarle los percebes, así tus percebes mentales deberán ser eliminados. El dique seco representa una maravillosa oportunidad.

Conocí a una mujer que toda su vida había tenido miedo, sobre todo en lo referente a las finanzas. Todo el tiempo estaba preocupada por el dinero. Pero se acercó a la Verdad, y se dio cuenta de cómo se había limitado; de repente inició un gran cambio en su fe. Dejó de confiar en lo aparente y empezó a confiar en Dios, para su abastecimiento. Escuchó sus corazonadas, en lo referente a su gasto. Si alguna de sus prendas de vestir hacía que se sintiera pobre, inmediatamente se deshacía de ella y conseguía algo nuevo para sentirse opulenta. Aunque tenía poco dinero, daba unas monedas (un diezmo) para buenas obras. Ella misma se rodeaba con nuevas vibraciones. En poco tiempo, las cosas comenzaron a cambiar a su alrededor. Una conocida, vieja amiga de su familia, y que no le debía nada le dio mil dólares. Unos meses después, le llegaron otros mil. De esa manera una gran puerta de abastecimiento se abrió para ella y entraron muchos miles más. Había encontrado su suministro invisible del Banco Universal. Había buscado a Dios sólo por su suministro, y entonces los canales se abrieron. Lo importante es que había desechado toda preocupación sobre el tema dinero. Logró establecer en su subconsciente la total seguridad de que su abastecimiento provenía de Dios, y jamás le faltaría nada.

El ser humano es el instrumento por medio del cual la Inteligencia Infinita actúa. En él se manifestará como éxito, felicidad, prosperidad, salud y su propia perfección, a menos que el miedo y la ansiedad provoquen un corto circuito.

¡Ve al circo si necesitas ejemplos de fe valerosa! La gente que trabaja ahí realiza actos que, aparentemente, son imposibles porque creemos que lo son, y sin embargo somos testigos de cómo lo logran. La fe implica que puedas visualizarte recibiendo todo lo que deseas. "Te daré la tierra que alcances a ver."

Jamás podrás hacer una cosa en la cual no te sientas a ti mismo haciéndola, ni ocuparás un sitio en el cual no te visualices ocupándolo. Yendo más lejos puedo decir que ni siquiera es suficiente visualizarlo o hacer una imagen mental (este es un proceso mental y frecuentemente da resultados insuficientes y limitados); debe ser una realización espiritual, un sentimiento en su vibración que ya está presente, que es totalmente real.

Quedé muy impresionada con la historia de un gran deportista, que fue el atleta más grande de todo el mundo, y que entrenaba en una hamaca. Según supe cierto día, él se encontraba recostado en su hamaca, adormecido por el sol, entonces apareció su entrenador y apunto de derramar las lágrimas le dijo: "Jim, por el amor de

Mike y tu país, levántate, sal fuera de esa hamaca y has algo". Jim abriendo un ojo le contestó: "Precisamente estaba pensando en eso, incluso iba a mandar a buscarlo". "De acuerdo —dijo el entrenador—. ¿Qué es lo que quieres que haga?". "En primer lugar —le dijo Jim—, quiero que dibuje, a partir de aquí, una marca a veinticinco pies en la tierra". El entrenador lo hizo así. "¿Y después qué?", le preguntó el entrenador. "Eso es todo" le dijo Jim; y cerrando sus ojos, se volteó despreocupado.

Pasaron por lo menos cinco minutos y el atleta abrió los ojos y miró las marcas durante unos cuantos segundos y entonces volvió a cerrar los ojos. "¿Cuál es la idea? —le gritó el entrenador—. ¿Qué es lo que haces?" Jim lo miró con reproche y contestó: "Estoy practicando el salto de longitud". Él hacía todo su entrenamiento en una hamaca: viéndose a sí mismo realizando el salto de longitud.

Sin la imaginación las personas padecen penurias y limitaciones. Podrás trabajar con mucho ahínco en lo externo y a pesar de eso no conseguir nada si no tienes visión. La visión significa que ves claramente la dirección que quieres tomar. Fija tu mirada en la meta. Todas las personas que han logrado hacer grandes cosas lo han hecho así.

James J. Hill, quien extendió la línea del Gran Ferrocarril del Norte, afirmó que antes de que un durmiente fuera colocado, escuchaba en su oído interno el rugir de los trenes y el sonido de las máquinas trabajando. Había muchos obstáculos que superar, pero su visión era clara, y estaba muy arraigada en él. Además tenía algo a su favor: su esposa tenía fe en él. Decía que para hacer un sueño realidad se necesitaban dos.

Cuando Henry Ford hablaba de su suegra decía que ella había sido una buena mujer: "Ella creyó en mí". "En el momento en que dos de ustedes se pongan de acuerdo, se logrará." Otros creerán en ti, si tú crees en ti mismo. El Poder de Dios se encuentra a tu lado cuando crees en ti, gracias a eso el miedo y la preocupación son arrojados muy lejos. Armoniza con la vibración de la confianza. Esta es la máxima de una persona intuitiva. Cada acto es realizado bajo la guía Divina y una "corazonada" nunca se equivoca, por eso siempre aparece en el lugar correcto y en el momento preciso. A pesar de esto, frecuentemente se necesita de mucho valor para seguir un presentimiento. Tomemos como ejemplo a un vikingo, quien valerosamente navegó por mares desconocidos. Claude Bragdon dice: "Vivir intuitivamente es vivir en la cuarta dimensión". El camino mágico llevó fuera de las tierras de Egipto a los hijos de Israel, fuera de la casa de la esclavitud. Este tema es muy importante.

Jamás comente una corazonada con alguien que siempre usa la razón. Solamente con los que tienen oídos para escuchar, permíteles conocer a dónde te lleva, o los puede llevar, y enséñales la obediencia inmediata.

"Cualquier cosa que necesites de Dios, Él te la dará." Esto es real para cada quien. Pero si no hemos recibido las bendiciones de la vida, se debe a que no hemos pronunciado nuestras afirmaciones o no tenemos "las palabras adecuadas". La Biblia enseña la Ley espiritual; debemos conocerla y utilizarla en cada momento para accionar la maquinaria de las afirmaciones y las manifestaciones en acción. Cada una de las máquinas deberá ser afinada y engrasada para mantenerla en perfectas condiciones. La fe activa y la esperanza sustentan a la máquina de la palabra para que funcione adecuadamente. Estas afirmaciones la mantienen bien engrasada y trabajando: "Cuando rezo, sé que ya lo tengo", "no debes estar preocupado por nada", "permanezco tranquilo y contemplo la salvación del Señor", "no restrinjo al Santo de Israel". Actuar es manifestación. Cuando rece, hágalo lleno de alabanzas y gratitud. Mucha gente reza llena de odio y enojo. El otro día una mujer me escribió diciéndome: "Acabo de tener una excelente charla con Dios y sólo le dije lo que debo hacer sobre Él". Ella tenía la costumbre de mandar a las personas que estuvieran cerca de Él y mirar a Dios como si se tratara de alguien a quien podría intimidar para que hiciera algo por ella. Dios es la Inteligencia Suprema, se encuentra en nuestro interior y somos los canales por los cuales Él se expresa a sí mismo. No debemos resistirnos a sus designios, mantenernos en armonía, tranquilos, y esperar que nuestro bien se presente. Dios es el Dador, nosotros somos los receptores, Él debe abrir los canales. Podemos ver que realmente hay una técnica adecuada para rezar. Dios sabe cuál es el camino correcto, su camino, no nuestro camino. Desde que haces tu solicitud, la Inteligencia Infinita ya sabe cómo cumplirla. Si decides la forma en que tu oración será contestada, habrás bloqueado el canal diseñado divinamente para ese propósito. Por eso sueles decir: "Mis oraciones jamás son atendidas". Debemos aprender una técnica y enviar nuestra oración que es sincero deseo. Nos libramos de toda preocupación o engaño cuando decimos: "Si esto es parte del Plan Divino lo aceptaré, si no es así, recibiré equivalente de una manera perfecta, por la gracia". Tenemos que ser muy cuidadosos para no imponer algo que no esté contemplado divinamente.

Debemos ser conscientes de que mientras estemos unidos con el Poder de Dios, nada puede vencernos. "Los caminos de Dios son insospechados, sus métodos seguros."

Los Salmos 23 y 121 son dos de los más extraordinarios. Ambos provocan un sentimiento de total seguridad a quien los lee; fueron escritos por alguien que había experimentado el funcionamiento de la Ley espiritual.

Dios, que está en nuestro interior, nos protege, guía y provee cuando le tenemos absoluta confianza. La mayor parte de la gente permite que ese amor desaparezca por el miedo a la pérdida; toman innumerables precauciones en lo externo, pero no confían en el amparo de "El ojo que vigila a Israel". Pon bajo el resguardo la Ley de la Protección Divina cualquier cosa que ames.

Lo más importante para que tengas una demostración es tener fe sin temor. "¡Me presentaré frente a ti y enderezaré los caminos torcidos! Forzaré la entrada, haré pedazos las rejas de metal y separaré las barras de hierro". La Biblia habla sobre estados de conciencia. Las "rejas de metal" y "las barras de hierro" simbolizan las dudas, los miedos, el odio y las preocupaciones; además, son fruto de nuestra imaginación y vienen de nuestro pensamiento superficial, de creer en lo malo. Conozco una historia sobre una manada de elefantes salvajes que fue acorralada en un cercado, los hombres que los atraparon no tenían ninguna forma de mantenerlos ahí, por eso clavaron algunas estacas y pusieron una cuerda rodeando el cercado. Los elefantes creían que no podían salir. Hubieran podido pasar sobre la cuerda y escapar con mucha facilidad, pero tenían la "ilusión" de que la cuerda los confinaba. Lo mismo sucede con las personas: las dudas y los miedos son como una cuerda rodeando sus conciencias. Les parece que caminar hacia fuera, a un claro pensar, es imposible.

Para los seres humanos tener una visión clara es como tener una brújula: pues así saben a dónde van. Deja que tu intuición sea tu brújula para que siempre salgas fuera del bosque. Del mismo modo, una persona sin brújula, pero que escucha a su intuición, encontrará el camino que lo sacará de la selva, incluso será capaz de dirigir un buque en el mar. La intuición le dirá cómo pasar sobre la soga. Resulta asombroso ver cómo las personas han ignorado la habilidad más importante: la intuición. En el camino de los seres humanos siempre hay un guía o enviado. Frecuentemente los guías nos parecen tontos e insignificantes. Alguien que se encuentre totalmente inmerso en el plano material (de la razón), los ignoraría en el acto, pero el estudiante de la Verdad siempre tiene su oído atento al espiritual, él sabe que está recibiendo órdenes desde el Infinito. La Biblia menciona frecuentemente a "la pequeña voz silenciosa". Esta voz no es real, aunque a veces se registran palabras reales en el oído interno.

Cuando solicitamos que nos guíen y hacemos a un lado la voz de la razón estamos invocando sutilmente al abastecimiento Universal de todo el conocimiento; cualquier cosa resulta fundamental para saber de qué forma se revelará. Algunas personas nacen naturalmente intuitivas y siempre están en contacto con la Inteligencia Universal, pero sólo tomando una afirmación podemos contactar al superconsciente. La oración es como una llamada telefónica a Dios, y la intuición es Dios llamándote a ti. Muchas personas tienen su "línea ocupada" cuando Dios los llama y no reciben su mensaje. Cuando estás deprimido, furioso o resentido tu línea está "ocupada". Has escuchado alguna vez la expresión: "Estaba tan furioso que no veía nada". Podemos agregar: "Estaba tan furioso que no oía nada". Los sentimientos negativos sofocan la voz de la intuición.

Cuando estés deprimido, molesto o resentido, pronuncia una afirmación de Verdad, eso te ayudará a salir del bosque de la desesperación y restricción, porque: "¡Quien rece en nombre del Señor, encontrará la libertad!" La salida existe: "Muéstrame el camino".

Debemos dejar que la Inteligencia Infinita solucione nuestro problema a su manera, para lograr eso hay que dejar de planear, diseñar y hacer proyectos. El Poder de Dios es sutil, callado e invencible. ¡Aplana montañas, rellena valles y no sabe lo que es la derrota! Lo que nos corresponde es disponernos para recibir sus bendiciones y seguir a donde nuestra intuición nos guíe.

Ahora, la Inteligencia Infinita tiene el derecho de paso.

Sin miedo

«¿Por qué tienen miedo, oh, ustedes faltos de fe?" Basándonos en lo que leemos en la Biblia podemos decirte que no tienes nada de que preocuparte. El único enemigo de la raza humana es el miedo. El miedo es fe puesta al revés. Jesucristo dijo: "¿Por qué tienen miedo, oh, ustedes faltos de fe?" Si tienes la suficiente fe, todo será posible. Unidos con el Poder de Dios, los seres humanos son invencibles. La historia de Josafat es la historia de alguien que frecuentemente se vio superado en número por circunstancias desfavorables, pero que supo escuchar la voz misma del Infinito que le dijo: "No tengas miedo o te desalientes por culpa de este gran ejército, no estás solo para enfrentar esta batalla, Dios te acompaña". Tanto a Josafat como a su ejército se les dijo que no era necesario que combatieran. "Detente y permanece tranquilo, sé testigo de la salvación del Señor"; Dios acompañó a los suyos para la batalla. Antes de partir, Josafat le ordenó a su ejército que entonaran sus cantos al Señor para exaltar la belleza de su santidad, diciendo: "Alabemos al Señor, su misericordia será eterna". Cuando llegaron hasta la atalaya en el desierto, observaron al ejército enemigo y descubrieron que estaban muertos. El enemigo se había destruido a sí mismo. No quedaba nadie con quién luchar. La Biblia habla sobre estados de conciencia. Los enemigos son tus dudas y miedos, tus críticas y odios. Todo pensamiento inarmónico es un enemigo. Te verás superado en número por las circunstancias desfavorables, pero no tengas miedo o te desalientes por culpa de este "gran ejército"; no estás solo en la batalla, Dios te acompaña. Si leemos con atención la historia de Josafat, lo vemos avanzando, pronunciando una afirmación: "Alabemos al Señor, su misericordia será eterna". No tenía palabras que decir al enemigo o sobre su propia debilidad. Estaba completamente atento al Señor, y cuando comenzó a cantar y alabarlo tendió la red sobre sus enemigos y ellos fueron vencidos. Cuando pronuncias tus afirmaciones de Verdad los pensamientos del enemigo son rechazados, se esfuman y dispersan, por eso todas las situaciones adversas desaparecen. Cuando Josafat y su ejército llegaron hasta la atalaya en el desierto, se dieron cuenta que todo el ejército estaba muerto. La atalaya en el desierto simboliza el estado elevado de tu conciencia, tu fe sin temor, tu lugar seguro. Permaneces allí por encima de todas las situaciones desfavorables, y junto con Dios obtienes la victoria.

"Cuando Josafat y su ejército se aproximaron para tomar los despojos del enemigo, encontraron riquezas y piedras preciosas, pero eran tantas riquezas que no podrían llevarlas todas, así permanecieron tres días recogiendo los despojos, era demasiado". Esto quiere decir que cuando permitas que Dios gane la batalla por ti, de cada situación desfavorable emergerán incontables bendiciones. "Por ti, Dios transformará las maldiciones en bendiciones, porque el Señor, tu Dios, te ama". El ingenio del Espíritu es maravilloso. La Inteligencia Infinita y no tolera ninguna interferencia en sus planes. Para la persona promedio resulta muy difícil "permanecer tranquila", pues significa mantener su equilibrio, y permitir que la Inteligencia Infinita tome el control de la situación. Normalmente actúan como los soldados lanzándose a la batalla e intentando manejar sus asuntos, pero esa actitud sólo les traerá derrota y frustración. "No necesitarás pelear esta batalla; detente y permanece tranquilo, sé testigo de la salvación del Señor en ti. Mañana irás de nuevo contra ellos, pero el Señor te acompañará". Eso significa que no debes evitar enfrentarte a las situaciones, camina sin miedo y encara al león que está en tu sendero, así el león volverá a ser nada. El león toma su ferocidad de tus miedos. Un gran poeta dijo: "En el valor tenemos genio, magia y poder".

Daniel era valiente, por eso las fauces de los leones pudieron ser cerradas. Mientras Daniel todavía estaba en el cubil de los leones, el Rey Darío lo llamó y le preguntó si Dios era capaz de salvarlo de los leones, Daniel le respondió: "¡Oh Rey que vives eternamente! Mi Dios ha enviado a sus ángeles y ellos han cerrado las fauces de los leones para que no puedan hacerme daño". En este relato encontramos un ejemplo del dominio sobre la actitud de los leones, como resultado del poder Espiritual; todos los leones cambiaron su ferocidad por la mansedumbre, y Daniel se mantuvo lejos de las bestias gracias a la Luz y el Poderío del Espíritu, que lo resguardaron plenamente de los leones. Difícilmente pasa un solo día sin que algún león aparezca en nuestro camino: los leones de las carencias, restricciones, miedos, injusticias, enojos o resentimientos. Pasemos sobre la situación que nos está asustando de inmediato. Si escapamos de ella, la tendremos pisándonos los talones por siempre.

Mucha gente pierde las cosas que más aman o aprecian porque todo el tiempo tienen miedo de perderlas. Hacen todo lo que pueden en el mundo material para garantizar su protección, pero todo se les devuelve en una devastadora imagen de miedo. Para conservar las cosas que aprecia y ama, debe entender que están protegidas por la Divinidad, por esa razón nada puede pasarles.

Les voy a dar el ejemplo de una mujer que estaba muy interesada en un hombre muy apuesto y popular entre las mujeres. Decidió hacer todo lo posible para que él no se encontrara con cierta mujer porque estaba convencida de que ella intentaría, por todos los medios, "atraparlo", como dice la expresión popular. Una tarde que fue al teatro, se encontró con que él estaba con aquella mujer. Se habían encontrado en una fiesta. Sus miedos habían materializado la situación. Conocí a una mujer que tenía siete niños. Ella logró entender que todo está protegido Divinamente y que ellos crecerían libres de amenazas. Un buen día un vecino se presentó en su casa muy preocupado y le dijo: "Sería mejor que llamara a sus hijos, están subiendo y bajando de los árboles, ¡se van a hacer daño!" Mi amiga le respondió: "Está bien, sólo juegan a esconderse en el árbol. No se preocupe y nada les pasará". Así como lo hizo Daniel, ella modificó la situación y dejó que Dios los cuidara.

Una persona normal está resentida, se opone a todo o se preocupa de todo. Le toma antipatía a las personas que saben y a las que no saben. Se resisten a todo desde que amanece. Se entristecen de todo lo que hacen y de lo que no hacen. Estar con esas personas es muy cansado. Terminan por cansar a todos sus amigos. Son así porque no viven en el maravilloso *ahora* y pierden todas sus oportunidades en el juego de la vida.

El Paraíso en la Tierra es vivir sin miedo, vivir en el *ahora* plenamente; esto es, no dudar en utilizar lo que tenemos, saber que detrás de nosotros se encuentra la esfera de la abundancia atrayéndonos. Lo mejor es que sabemos que la fe activa y la palabra hablada liberan ese suministro. El poder de la palabra hablada fue conocido, desde hace miles de años, en Egipto.

En la Biblia encontramos lo siguiente: "¡Contemplen todas las cosas nuevas que he hecho!" Por medio de las palabras de Verdad seremos capaces de renovar nuestras mentes, cuerpos y asuntos. Cuando eliminamos todo temor vivimos vidas mágicas. Así como Josafat, vamos avanzando sin miedo cantando: "Alabemos al Señor, su misericordia será eterna". En nuestra atalaya, conciencia elevada, permanecemos tranquilos y contemplamos la salvación del Señor.

La cristiandad se basa en la fe. La fe nos da una convicción firme para actuar honradamente. Aunque uno esté rodeado por circunstancias desfavorables, esta firme convicción se graba en la mente subconsciente, y se abre un canal para que la manifestación de la salud, la riqueza y la felicidad se presenten. Para cada ser humano existe un suministro eterno. "Antes de que llamemos se nos responderá." Este suministro está aguardando que lo liberemos por medio de nuestra fe y de la palabra hablada. Leemos que Jesucristo lo enseñó como una ciencia exacta.

Durante la Feria Mundial se colocó en el Edificio Edison una panorámica de la ciudad de Nueva York. En el atardecer, cuando la ciudad se iba iluminando y los edificios mostraban una infinidad de luces, el hombre que explicaba la muestra nos dijo: "La ciudad es iluminada gracias al poder de la electricidad, con tan sólo presionar un interruptor, con el giro de una mano". Edison fue un hombre que tuvo mucha fe en las Leyes de la electricidad. Supo lo que se podía hacer con ella si se producía y dirigía adecuadamente. Parecía tener inteligencia propia. Después de muchos años de paciencia y amorosa dedicación a su trabajo, inventó un bulbo que fuera útil. Ahora ese poder ilumina al mundo, porque él supo cómo aprovecharlo y dirigirlo.

Jesucristo le enseñó a los seres humanos a encauzar y aprovechar su pensamiento. Él sabía que el miedo era tan peligroso como la energía eléctrica fuera de control. Las palabras y los pensamientos se deben manejar con sabiduría y cuidado. La imaginación es el taller del hombre, y una idea que ande sin control, crea una imagen de miedo, y es casi tan segura como montar un caballo salvaje.

Desde que nacemos y hasta que llegamos a la edad adulta cargamos con la duda y el miedo. Decimos que la era de los milagros ya pasó y esperamos que suceda lo peor. Alguien que es optimista se ríe de esta idea. En la actualidad un comentario iluminador es: "Un pesimista es alguien que vive con un optimista", "Primero cómete las manzanas con manchas"; estos pensamientos supuestamente son de "sabiduría elevada". La gente parece no darse cuenta que siguiendo estos consejos jamás alcanzarán las manzanas buenas; para ellos, estarán demasiado manchadas por el tiempo que estuvieron fuera de su alcance.

El mundo sería más hermoso si toda preocupación y miedo desaparecieran. Esos hermanos, la preocupación y el miedo han hecho trabajar a las personas como esclavos, destruyen la salud, borran riquezas y estropean la felicidad. Sólo existe una forma de librarse del miedo, y es transformándolo en fe; lo opuesto al miedo es la fe. "¿Por qué tienen miedo, oh, ustedes faltos de fe?" Desde hace siglos estas palabras resuenan. Jesucristo les enseñó a los seres humanos que mientras estuvieran en el Padre, podían contar plenamente con su guía, protección y suministro, siempre que lo crean posible. Jesucristo usó el Poder de Dios una y otra vez para convencer a sus partidarios. Gracias al suministro invisible pudo llevar los panes y los peces, levantó a los muertos y tomó las monedas de las bocas de los peces. Y afirmó: "Por donde yo vaya sucederán grandes cosas".

Sabemos que enseñó la ciencia de la mente, que es una ciencia exacta, así como el poder del pensamiento y de la palabra. Nos dijo que debemos tener fe, porque la fe graba las ideas en la mente subconsciente. Cuando una idea se graba por vez primera en el subconsciente, tiene que ser objetiva. Este es el motivo por el que Jesucristo les dijo a esas personas que si creían (que es tener fe), todo sería posible.

¿Cómo podemos eliminar las preocupaciones, también conocidas como "anti-fe"? La única manera de contrarrestarlas es pasando por encima de las cosas que te están asustando.

Hubo un hombre que había perdido todo su dinero. Vivía en un cuarto miserable y todas las personas que lo rodeaban también eran muy pobres; tenía muchísimo miedo de gastar el poco dinero que le quedaba. Todo su capital sumaba más o menos cinco dólares. Había intentado conseguir algún trabajo pero siempre que lo conseguía, lo perdía. Un buen día despertó vislumbrando una vida de carencias y decepción, pero entonces tuvo una idea (o corazonada): asistiría a una exhibición de caballos. Tomó todo lo que tenía y se despidió con la idea de rodearse nuevamente de personas ricas y exitosas, pues ya estaba hastiado de su ambiente de carencia. Sin ningún miedo gastó todo su dinero en un boleto para la Exhibición Ecuestre. "Casualmente" encontró a un viejo amigo, quien le dijo: "¡Hola, Jim! ¿Dónde te habías metido todo este tiempo?" Antes de que el evento acabara, su viejo amigo le había dado un puesto muy alto en su empresa. Ese presentimiento suyo y actitud valiente hacia el dinero lo habían colocado de nuevo en armonía con el éxito.

Fomenta la costumbre de hacer grandes equilibrios en tu fe. Así recibirás maravillosas respuestas.

Como ya te habrás dado cuenta, miramos asombrados a las personas que ejecutan actos increíbles en el circo. Estas personas tienen fe en que pueden realizar esas acrobacias, y somos testigos de cómo lo hacen. Nunca podrás lograr nada si no puedes visualizarte a ti mismo haciéndolo. Para realizar estos difíciles actos se necesita toda una vida de preparación y armonía. Tu éxito y felicidad dependen de tu preparación y armonía. Caminar en la cuerda floja es como confiar en Dios. La duda y el miedo son la causa de que pierdas el equilibrio (armonía) y de que caigas en las carencias y limitaciones. Hay que practicar, tal y como lo hace el artista del circo. No importa cuántas veces caigas, inténtalo otra vez. Pronto adquirirás la costumbre de prepararte y buscar el equilibrio. Entonces el mundo será tuyo. Caminarás seguro en tu reino. Parece que todos los artistas del circo aman su trabajo, sin importar que sea difícil. La banda toca, el público aplaude y sonríe, pero no lo olvides: ellos entrenaron sin música ni aplausos.

La armonía, el ritmo y el equilibrio son las llaves hacia el éxito y la felicidad. Cuando estás fuera de ritmo, estás fuera de la suerte.

En Filipenses 4, 6 leemos: "No se inquieten por cosa alguna; antes bien, en toda ocasión, presenten a Dios sus peticiones, mediante la oración y la súplica, acompañadas de la acción de gracias, que él los escuchará". Verdaderamente este resulta ser un maravilloso trato, todo en favor de los seres humanos. La humanidad, libre de preocupaciones y miedos; pide con acción de gracias, y tu bienestar te será dado.

Victoria y realización

Victoria y realización son dos extraordinarias palabras. Desde que fuimos conscientes de que las palabras y pensamientos son una especie de energía, tenemos sumo cuidado al emplear las palabras que queremos ver materializadas.

La vida es como un crucigrama, sólo hay una palabra correcta que te da la respuesta. Actualmente mucha gente está utilizando a la ligera palabras destructivas en sus conversaciones. Dicen por ejemplo: "¡Estoy quebrado!", "¡Estoy enfermo!" Nunca olviden que por sus palabras serán juzgados o salvados. Las palabras que pronuncias no regresan neutralizadas, y te puedes condenar por ellas. Si cambias tus palabras cambiarás tu mundo, porque la palabra es tu mundo. Ahora todo el mundo está consciente de las calorías que consume, y tienes mucho cuidado en elegir tus alimentos. Las personas no pasan más tiempo comiendo pasteles calientes, bistec, papas, pastelillos y tres tazas de café en el desayuno. Mantienen su peso correcto porque comen pan tostado y jugo de naranja. Esta dieta es una disciplina tremenda, pero sólo así se consiguen resultados. ¿Por qué no intentas llevar una dieta de palabras adecuadas?; porque, literalmente, te alimentas de tus palabras. Eso

es lo que vale una afirmación. Con ella estás construyendo, intencionadamente, una imagen favorable en tu
mente. Tal vez en estos momentos tu mente puede estar atiborrada y bloqueada con ideas negativas; pero si
continuamente pronuncias una afirmación de Verdad,
esas formas de pensamiento negativo desaparecerán.
Ese tipo de pensamientos han sido creados en tu vano
imaginar. Tal vez desde niño se te enseñó que la vida es
dura, la felicidad efímera y que el mundo es frío y poco
amable. Estas ideas están grabadas profundamente en
tu subconsciente, por eso descubrirás que esas cosas se
hicieron realidad. Cuando entiendes la Verdad todas
esas imágenes externas se transforman. Para los estudiantes son sólo apariencias, las cuales cambian cuando
tus imágenes subconscientes cambian.

Si le hablo a la gente sobre el poder de la palabra,
y les digo que esas palabras y pensamientos son una
clase de energía y siempre regresan cargadas con algo,
me dicen: "¿Oh, en realidad es tan sencillo como eso?"
A mucha gente le gustan las cosas problemáticas y difíciles de entender. Supongo que por esa razón las enseñanzas de Jesucristo, que eran sumamente simples, se
olvidaran después de unos cuantos años. Las personas
fundaron sus credos y ceremonias usando tan sólo la
mitad de lo que entienden. En estos tiempos, en pleno
siglo veinte, las enseñanzas que estaban perdidas están
siendo reveladas y tenemos una vez más un cristianismo primitivo.

"¡Reza, ten fe, y recibirás!" Gracias a esto sabemos
que nuestras peticiones o esperanzas se graban en el
subconsciente y se realizan. Podemos decir si rezas pero

no tienes fe, no recibirás. La esperanza se crea a partir de la fe.

La Inteligencia Infinita, de la que los seres humanos obtienen su abastecimiento, es llamada por Jesucristo "Padre Celestial". Estar con el Padre es descrito por Jesucristo como tener un padre cariñoso y amoroso, ansioso por derramar todas sus bendiciones sobre sus niños. "No tengas miedo, pequeño rebaño, darte su Reino es un maravilloso deleite para tu Padre". Jesucristo enseñó que la Ley de Dios simplemente era una Ley de amor y buenos deseos: "Ama a tu prójimo como te amas a ti mismo", "haz por otros lo que quisieras que hicieran por ti". Cualquier violación de la Ley de amor provoca un corto circuito. "El camino del infractor es cruel." Dios es la Ley inalterable: "Yo soy el Señor (la Ley), y no cambio".

Las Ideas Divinas no se pueden alterar, no están sujetas a ningún cambio. Qué extraordinarias palabras: "Inalterables, no están sujetas a ningún cambio".

En cierta ocasión una mujer vino a consultarme, estaba llena de miedos y odios. Me dijo que durante años el temor de que algo le sucedería y la dañaría si conseguía el deseo de su corazón, la había atormentado. Le di la siguiente afirmación: "El Plan Divino de tu vida es una idea perfecta en la Mente Divina, incorruptible e inalterable, y no puede ser dañada de ninguna manera". En ese momento una pesada carga fue liberada de su mente. Por primera vez en años estaba inundada por un sentimiento de felicidad y libertad. Conoció la Verdad y la Verdad le dio un sentido de libertad, en poco tiempo supo lo que era la libertad real en lo externo.

Cuando la palabra se pronuncia, la Inteligencia Suprema es la que hace que los seres humanos lleguen a ser uno solo con ella. Esta Inteligencia Suprema espera que los humanos la activen, pero deben saber cuál es el camino correcto, y no se debe ser limitada. Cuando hay Actividad Divina en nuestro cuerpo tenemos salud. Sólo hay una enfermedad, la congestión; y una cura, la circulación. La congestión y el estancamiento son lo mismo. La gente suele decir "cayó en un hoyo". Una nueva idea los sacará del hoyo. Tenemos que salir del hoyo de los pensamientos negativos.

La palabra entusiasta se define en el diccionario como: "alguien que está inspirado o poseído por un dios". El entusiasmo es la Luz Divina y a su vez aviva el entusiasmo de otros. Para ser un buen vendedor tienes que demostrar entusiasmo por los artículos que vendes. Si estás aburrido o sientes indiferencia por tu negocio, algo que resultará evidente para los clientes, nadie se interesará por sí mismo.

En cierta ocasión una mujer vino a consultarme para que su negocio se volviera un éxito. Ella me dijo: "Soy dueña de una tienda, pero casi siempre está vacía. Mi tedio es tan grande que la abro hasta muy entrada la mañana, ¿cómo la debo usar?" Yo le contesté: "Desde luego no existe un mejor uso que el sentir y trabajar por ese o cualquier negocio. Con tu actitud estás alejando a las personas. Entusiásmate con lo que tienes que vender. Sé entusiasta contigo misma. Sé entusiasta con el Poder de Dios que esta en tu interior y levántate temprano para abrir tu tienda y prepárate para recibir a una gran muchedumbre".

Por ese tiempo estaba colmada con la Esperanza Divina. Se daba prisa para abrir su tienda tan temprano como podía, había mucha gente esperando afuera y no dejaban de venir en todo el día.

Con frecuencia la gente me dice: "Le regalo mi negocio". Entonces les respondo: "No; pero trataré por usted, el negocio es para *usted*".

La carga que tenga tu pensamiento penetra en cada artículo de venta y el medio ambiente que lo rodea. Jesucristo fue un entusiasta divino, pues el mensaje que Él tenía que traer del Padre es que éste habita dentro de cada hombre. Era un entusiasta en lo que se refiere a la fe. Le dijo a la gente que cualquiera que "rezara en su nombre" conseguiría lo que necesitara.

Fue un mensaje de peticiones y respuestas. Les dijo cómo armonizar con la Ley espiritual. "Reza, ten fe y recibirás". "Cuando rezas sabes que ya lo tienes". "¿Por qué tienen miedo, oh, ustedes faltos de fe?"

La Luz Divina se vuelve a encender en la mente de todos los estudiantes de la Verdad, después de dos mil años. En estos días se está dando un renacimiento cristiano, un nuevo nacimiento, un reavivamiento de la cristiandad. Él enseñó los principios universales, sin dogmas o ceremonias. Vemos cómo miembros de todos los cultos y religiones se acercan a este movimiento de la Verdad. Pero no por eso se alejan de sus iglesias. Ahora, muchos clérigos incluso enseñan que los metafísicos son los maestros; pero Jesucristo es el más grande de todos los metafísicos, porque Él probó sus principios y realizó milagros a su paso. Envió hacia delante a sus discípulos, "a divulgar el Evangelio y sanar al enfermo".

Alrededor de trescientos años su mensaje perduró, no obstante después se perdió su Luz Divina y las palabras: "Tú serás sanado" ya no fueron pronunciadas. El dogma y las ceremonias ocuparon su lugar. Pero ahora vemos a las personas reunirse en los Centros de la Verdad para ser curados, bendecidos y para conseguir su bienestar. Han aprendido cómo "orar correctamente" y tienen una fe activa.

Una mujer me contó cómo fue contestada su oración. En cierta ocasión recibió una carta de su hijo; en ella le contaba que viajaría en su carro al sur de California para arreglar algunos negocios. Pero esa mañana ella leyó en el periódico que estaba cayendo un diluvio en esa zona, de inmediato invocó a la palabra para la Protección Divina. Sabía que su hijo estaría bien, pues tenía un gran sentimiento de seguridad. En poco tiempo tuvo noticias de él, le dijo que algunos asuntos imprevistos habían demorado su viaje, por lo que no pudo viajar. Si hubiera salido cuando lo tenía planeado, hubiera llegado a la zona donde estaba el diluvio.

Llegamos a ser Divinamente Entusiastas sobre la forma en que se contestan nuestras oraciones, a las cuales llamamos "manifestaciones" o "demostraciones", gracias a ellas tenemos expuesta la Verdad y permanecemos tranquilos, libres de limitaciones.

El Salmo 24, 7 es uno de los más entusiastas entre todos los Salmos de alabanza y acción de gracias: "¡Puertas, levanten sus dinteles, levántense, portones antiguos, para que entre el Rey de la Gloria! ¿Quién es ese Rey de la Gloria? Dios, el fuerte, el valiente en la batalla".

Los dinteles y los portones simbolizan la conciencia del ser humano. Cuando la conciencia se eleva, hace contacto con el superconsciente, dentro de Dios, y el Rey de la Gloria entra. Este Rey de la Gloria atrae tus cargas y lucha tus batallas, es decir soluciona tus problemas. La gente promedio pasa por tiempos difíciles *sin dejar* que el Rey de la Gloria entre. La duda, el miedo y la desconfianza mantienen los dinteles y portones cerrados con llave, dejando afuera su bienestar.

Una estudiante me contó de una ocasión en la que por un pensamiento atrajo algo negativo. Sus viejas y queridas amigas la habían invitado a una reunión. Para ella era muy importante asistir. Estaba tan deseosa de ir, que continuamente repetía: "Oh, espero que no pase nada imprevisto y no pueda ir". El día de la recepción se levantó con un insoportable dolor de cabeza. Desde hacía algunos días padecía de esos dolores de cabeza, que la mantenían en cama mucho tiempo, sin embargo habían pasado muchos años sin que ella se sintiera mal. Sus dudas y miedos habían atraído esa enfermedad. Entonces me llamó para solicitar mi ayuda: "Por favor pronuncia la palabra adecuada para que esté curada en la tarde y pueda ir a la reunión". Yo le contesté: "Por supuesto, no existe nada capaz de interferir con el Plan Divino de Dios". Y pronuncié la palabra adecuada. Poco tiempo después, mi alumna me contó de su milagro. Me dijo que a pesar de que se sentía mal, se alistó para asistir. Pulió sus joyas, preparó el vestido que iba a usar y se ocupó de cada detalle, aunque se sentía muy débil para moverse. Más tarde, cuando ya casi era de noche, me dijo que tuvo una sensación extraña, como si la neblina que se alzaba en su mente se disipara; se sintió absolutamente bien. Asistió a la reunión y se la pasó de maravilla. Estoy segura que su curación hubiera llegado más pronto si ella no hubiera dicho tantas veces: "Tengo que estar bien aunque sea por esta noche". Continuamente nos limitamos por medio de nuestras palabras, diciendo esa sólo hasta que llegó la noche ella se sintió completamente bien. "Por tus palabras serás juzgado o condenado."

Conocí a un hombre que dondequiera que fuera era el centro de atracción, porque siempre se mostraba entusiasta sobre cualquier tema del que se hablara. Si se trataba de zapatos, ropa o un corte de cabello, entusiasmaba a los demás para que compraran las mismas cosas. Jamás conseguía nada material para él, tan sólo era su entusiasmo natural. Alguien ha dicho: "Si quieres ser interesante para los demás, muestra interés por algo". Una persona con intereses es una persona entusiasta. Solemos escuchar que la gente dice: "Dime en qué estás interesada".

En el mundo hay mucha gente que carece de intereses vitales y tienen hambre de escuchar lo que otras personas hacen. Normalmente encienden la radio desde muy temprano y la apagan hasta altas horas de la noche. Se deben entretener cada minuto. Sus propios asuntos carecen de interés hasta para ellos.

En una ocasión una mujer me dijo: "Me encanta conocer los asuntos de otras personas". Evidentemente vivía en el chisme. Toda su conversación se basaba en frases como: "Se lo dije", "se lo di a entender" u "oí por ahí". Resulta redundante decir que ella pagaba de esa manera su deuda *kármica*. Todo el mundo sabía acerca de sus asuntos, una enorme infelicidad la había alcanzado. Es peligroso relegar tus propios asuntos y fomentar una curiosidad malsana en lo que los otros están haciendo. Todos debemos estar ocupados en perfeccionarnos, y tener un interés sensible por los demás. Obtenga el mayor provecho de sus desencantos, transfórmelos en felices sorpresas. Convierta todo fracaso en éxito. Cambie todo lo imperdonable en perdón; toda injusticia en justicia. Si hace esto se mantendrá suficientemente ocupado afinando su propia vida, que no tendrá tiempo para ponerse a investigar lo que les pasa a los demás.

Al realizar sus milagros, Jesucristo despertó el entusiasmo de las multitudes por la curación de los enfermos y por el levantamiento del muerto. "Y una muchedumbre lo siguió porque fueron testigos de los milagros que hacía en aquellos que estaban enfermos." Cuando leemos esto, sentimos el entusiasmo de las multitudes que lo rodearon. Gracias a Él todas las cosas fueron posibles, que Él y el Padre eran, realmente, uno mismo.

Con Divino entusiasmo glorifico lo que tengo y observo con asombro como va aumentando.

Libro 3

LA PALABRA ES
TU VARITA MÁGICA

Prólogo

Durante muchos años, Florence Scovel Shinn enseñó metafísica en Nueva York. Sus clases siempre fueron muy concurridas; de esa forma ella tuvo los medios para comunicar, a una gran cantidad de personas, la enseñanza.

Tanto en América como en el extranjero, sus libros han tenido una amplia divulgación. Según se ve, posee una habilidad única para llegar a los sitios más remotos e insospechados de Europa y de otras partes del mundo. Dado que, de cuando en cuando, hay alguien que se encuentra con la Verdad después de hallar, en el sitio menos imaginado, un libro de Florence Scovel Shinn.

Un secreto de su éxito es que siempre fue ella misma: familiar, informal, amigable y con un gran sentido del humor. Jamás quiso escribir para tratar de asombrar, o de una forma conservadora. Gracias a esto, logró que miles de personas se interesaran y pudieran tomar el mensaje espiritual de un modo convencional y digno, y que, al menos para empezar, estuvieran dispuestas a leer los textos elementales de metafísica.

Ella misma fue muy espiritual, pese a que habitualmente lo ocultaba detrás de sus actos y con el supuesto trato indiferente que le daba al tema. Instruía de una forma sencilla, cómoda y por medio de ejemplos cotidianos. Aquello que fuera sistemático o académico no iba con ella.

Antes de volverse maestra de la Verdad se había dedicado al arte e ilustración de libros; perteneció a una de las familias más antiguas de Filadelfia.

El presente libro está elaborado con las anotaciones y apuntes que nos dejó Florence Scovel. Esperemos que obtenga una gran difusión.

Emmet Fox

La palabra es tu varita mágica

La varita mágica del ser humano cargada con energía y poder es la palabra.

Jesucristo subrayó mucho la importancia de la palabra: "Por tus palabras serás salvado y por tus palabras serás condenado", y "En el poder de la lengua están la Muerte y la Vida".

De ese modo, el ser humano tiene el poder de modificar una situación desfavorable al emplear la palabra, que es su varita mágica.

Aparece la alegría en vez de la desdicha; la enfermedad se esfuma y aparece la salud; la escasez es reemplazada por la opulencia.

Por ejemplo: Una mujer, que únicamente poseía dos dólares, acudió a mí para consultarme sobre un tratamiento para la prosperidad.

Le respondí: "Bendeciremos los dos dólares y sabrás que posees la bolsa mágica del Espíritu, la que jamás se puede agotar, cada vez que el dinero salga de ella, por la bendición de los caminos perfectos, inmediatamente se llenará de nuevo.

"Veo la bolsa repleta, llena de riqueza: billetes de todos los valores, cheques, plata, oro y monedas. La veo colmada de opulencia".

La mujer respondió: "Noto que mi bolso está más pesado por tanto dinero". Y su fe era tan grande que, como muestra de su cordial gratitud, me entregó uno de los dólares que tenía. No pude rehusarme a su ofrecimiento, aún sabiendo que lo necesitaba, ya que era primordial que continuara conservando la idea de la opulencia. Un poco después le regalaron seis mil dólares. Su indestructible fe, así como la palabra pronunciada provocaron que esto pasara.

El mandamiento de la bolsa mágica es muy eficaz, ya que nos trae a la mente una idea realista. Es imposible que no visualices tu bolsa o cartera repleta de dinero cuando pronuncias palabras como "colmada" o "repleta".

La habilidad para formar ideas es primordial, así como la de escoger las palabras apropiadas que nos faciliten visualizar en un santiamén la ejecución de la petición.

Al visualizar una imagen jamás hay que forzarla; deja que la Idea Divina destelle súbitamente en tu mente consciente; de ese modo el estudiante estará trabajando de acuerdo con el Diseño Divino.

(Te invito a que leas mi obra El juego de la vida y cómo jugarlo.)

Jesucristo afirmó: "Conoceréis la Verdad y ésta os hará libres".

Esto quiere decir que el ser humano debe conocer la Verdad en todas las situaciones que debe enfrentar.

En la escasez o la limitación no hay Verdad. El agita la varita de Su Palabra y el desierto se regocija y florece como la rosa.

El origen de los padecimientos y las calamidades son la duda, el miedo, la angustia, la ira y el rencor que debilitan las células del cuerpo y agitan el sistema nervioso.

Por medio de un control total de las emociones naturales se consiguen la felicidad y la salud.

El Poder se mueve, pero no conseguimos moverlo. Aunque las apariencias sean adversas, en el momento en que el hombre se conserva sereno y tranquilo, tiene buen apetito y se siente feliz y radiante, ha logrado la maestría. Es entonces que, en cualquier situación, él tiene el poder para "dominar los vientos y apaciguar las olas".

Lo que hace que un supuesto fracaso se transforme en éxito es su palabra, la varita mágica.

Debes saber que sus dones son universales, infinitos e inmediatos y todo lo que requieres se manifiesta inmediatamente en lo exterior.

De ese modo, por ejemplo, una mujer que vivía en la orilla del mar se despertó una mañana escuchando el sonido de las sirenas entre la niebla. Una espesa neblina se extendía sobre el océano sin que se viera algún indicio de luz. En el acto enunció el siguiente mandamiento: "No existe la niebla en la Mente Divina; ¡que la niebla sea alzada! ¡Doy gracias para que el sol aparezca!"

En muy poco tiempo el sol se asomó, ya que el ser humano tiene autoridad sobre "los elementos y todas las cosas creadas". Cada ser humano tiene el poder de levantar la niebla en su vida. Esta niebla puede ser la insolvencia, la falta de cariño, felicidad o salud.

¡Dad las gracias para que el sol aparezca!

Éxito

Existen ciertas palabras o ideas que pueden sobresaltar nuestra mente subconsciente.

Por ejemplo: Un hombre fue a verme para saber si yo podía enunciar la palabra para su trabajo perfecto.

Le proporcioné el siguiente mandamiento: "Observa cómo ante ti abro la puerta del destino y no existe nadie que pueda cerrarla".

Noté que este mandamiento no parecía causarle alguna impresión, pero una iluminación me hizo añadir: "Y no existe nadie que pueda cerrarla ya que siempre ha estado abierta".

Pareció que el hombre quedó muy emocionado, como si viajara entre nubes, y se fue. Poco tiempo después lo llamaron de una ciudad lejana para ofrecerle un importante cargo, el cual fue conseguido por vías milagrosas.

Les daré un ejemplo más, el de una mujer que no dudó en seguir un "presentimiento".

Cuando leyó mi libro, El juego de la vida y cómo jugarlo, ella trabajaba por un sueldo miserable. De improviso tuvo una idea, emprendería un negocio propio, por lo que abriría una pastelería.

Al principio esta idea la hizo dudar, sin embargo insistió y continuó animosamente, consiguió un local y el personal necesario.

La mujer "enunció la palabra para su abastecimiento", ya que no tenía capital para echar a andar su negocio. ¡El dinero llegó a sus manos por vías milagrosas y la pastelería se inauguró!

Desde el inicio estuvo repleta de clientes y, hoy en día, está "colmada y rebosando" de ellos; incluso esperan haciendo fila para ser despachados.

Un día de fiesta su personal estaba decaído, pues temían que no llegara ningún cliente, pero esta mujer, que era mi alumna, les dijo que Dios era su proveedor y que cada día era un excelente día.

Durante la tarde un antiguo amigo suyo fue a visitar la pastelería y adquirió una caja de golosinas. Le pagó con un cheque pero cuando ella le echó un vistazo, se percató que era por mil dólares. ¡Claro que había sido un día excelente! ¡Mil dólares por una caja de golosinas!

Me ha comentado que cada mañana cuando entra en su tienda se llena de asombro y da las gracias por haber tenido la fe animosa que sale victoriosa.

Mandamientos

Las circunstancias son claras para que la Acción Divina se manifieste y el bienestar se me presente por la gracia de una forma mágica.

❦

En este momento ahuyento de mí cualquier circunstancia y toda situación discordante.

En mi mente, en mi cuerpo y en mis negocios el Orden Divino se encuentra enraizado.

"Me encuentro aquí, haciendo todas las cosas nuevas".

Aquello que consideraba un don inalcanzable llega ahora y lo imprevisto ocurre.

Ahora soplan hacia mí los "cuatro vientos del triunfo". El bienestar eterno se presenta en mí de norte a sur y de este a oeste.

Cristo está resucitando en mí, mi destino se consuma ahora.

Por senderos interminables el bienestar eterno llega a mí ahora.

Hago resonar mis campanas y me regocijo ya que Dios me antecede haciendo mi camino sencillo, despejado y próspero.

Por mi éxito total doy gracias.

Arraso con todas las dificultades que están ante mí, ya que trabajo con el Espíritu y sigo el Plan Divino de mi vida.

¡Mi Juego Espiritual marcha hacia lo alto! Poseo la energía suficiente para cada situación.

Siempre estoy alerta para mi bienestar, y recojo la cosecha de las oportunidades infinitas.

Me encuentro en armonía, equilibrado y energizado.

En este momento aproximo hacia mí mi propio bienestar. Mi poder es invencible, es el Poder de Dios.

Ahora en mi mente, en mi cuerpo y en mis negocios habita el Orden Divino.

Visualizo claramente, procedo con rapidez y mis más grandes ilusiones se cumplen por caminos milagrosos.

En el plano Espiritual no existe la competencia. Aquello que por derecho es mío me es proporcionado por la gracia.

Yo tenía un dominio escondido, el cual se me manifiesta ahora, por el nombre de Jesucristo.

¡Heme aquí! Abierta frente a mí está la puerta del Destino y no existe nadie capaz de cerrarla, pues siempre ha estado sólidamente fijada.

El curso del Destino se ha alterado y ahora se encamina hacia mí.

Del pasado me olvido y ahora vivo en el extraordinario presente, donde ante mí cada día se presentan gratas sorpresas.

En la Mente Divina no existen las oportunidades desaprovechadas; si una puerta se cierra otras se abren.

Tengo un trabajo mágico en un camino mágico, doy un servicio mágico para un tratamiento mágico.

Se ha liberado el talento que hay en mí. Ahora mi destino se realizará.

Hago amistad con mis dificultades y cada impedimento se transforma en una oportunidad. Todo lo que hay en el Universo, visible o invisible, está trabajando para mi prosperidad.

Doy las gracias porque las murallas de Jericó se desplomaron y porque cualquier insuficiencia, así como toda restricción y decepción, son eliminados de mi mente en el nombre de Jesucristo.

Ahora me encuentro en el verdadero sendero hacia al éxito, el bienestar y la opulencia; y todos ellos marchan por mi camino.

No desistiré y seguiré haciendo bien las cosas, para que cuando sea el momento adecuado pueda disfrutar los resultados.

¡Dios marcha frente a mí y la victoria está asegurada! Todos los adversarios han sido eliminados.

En el nombre de Jesucristo soy vencedor.

En la Mente Divina no existen las dificultades; por eso, no hay nada que pueda impedir mi bienestar.

Ahora todas las dificultades en mi sendero se esfuman.

La entrada se abre, las rejas son elevadas e ingreso al Reino del Exito con la bendición.

En mi espíritu, en mi corazón y en mis negocios se instauran ahora la armonía, la unión y el equilibrio.

Terrenos desconocidos de Actividad Divina se abren ante mí en este momento y se encuentran esperando por los frutos.

La voluntad del ser humano es incapaz de obstaculizar la Voluntad de Dios. En mi mente, en mi cuerpo y en mis proyectos se lleva a cabo la Voluntad de Dios.

Para mí el Designio de Dios es inquebrantable y no puede ser reemplazado.

Soy leal a mi visión celeste.

Ahora el Plan Divino de mi vida se configura totalmente, los anhelos de mi corazón son guiados por vivencias reales.

En este momento tomo, con un poder y decisión invencibles, de la Sustancia Universal aquello que es mío por Derecho Divino.

Frente a esta situación no doy resistencia. La dejo en manos del Eterno Amor y Sabiduría. Permito que la idea Divina se lleve a cabo ahora.

Ahora mi bienestar fluye hacia mí en caudal de éxito, felicidad y abundancia siempre inquebrantable, continuo y aumentando.

En mi Reino no existen las oportunidades perdidas. Cuando una se agota, otra llega de lleno.

"No hay nada que temer pues no existe poder capaz de lastimamos"

Avanzo sobre los leones de mi camino y me tropiezo con un ángel armado, y frente a la victoria en el nombre de Jesucristo.

Me encuentro en total armonía con la labor de la Ley. Me hago a un lado y permito que la Inteligencia Infinita facilite y haga venturoso mi camino.

La tierra en la que me encuentro es una tierra bendita; la tierra en la que vivo es una tierra floreciente.

Ahora se muestran ante mí nuevos terrenos de la Actividad Divina. Se abren puertas insospechadas y están libres algunos accesos inesperados.

Aquello que Dios ha hecho por los demás, también puede hacerlo por mí, ¡e incluso más!

Soy tan importante para Dios, como Él lo es para mí, ya que soy el instrumento para que lleve Su plan a cabo.

No veo mis propias limitaciones y así no limito a Dios. Con Dios y conmigo todo es posible.

El recibir viene después del dar; doy obsequios a otros pues preceden a los dones que Dios me reserva.

En la cadena de mi bienestar todo ser humano es un eslabón de oro.

Mi equilibrio está cimentado sobre un peñón. Visualizo con claridad y procedo velozmente.

Dios no puede fallar, por eso yo no puedo fallar. "El guerrero dentro de mí" ya ha vencido.

Se me presenta Tu Reino, Tu voluntad se lleva a cabo en mí y en mis proyectos.

Prosperidad

El ser humano vino a este mundo provisto por Dios de todo lo que requiere o anhela para andar su camino. Por medio de la fe y la Palabra Hablada esta provisión le es dada.

"Todo es posible, si tú lo crees."

Un día, por ejemplo, acudió a mí una mujer y me contó una vivencia que tuvo después de haber leído mi libro El juego de la vida y cómo jugarlo.

Deseaba conseguir una buena posición en el mundo del teatro, sin embargo carecía de experiencia. Así eligió el siguiente mandamiento: "Espíritu Eterno, despeja el camino para que venga a mí una enorme opulencia. Soy un imán invencible para que llegue a mí todo lo que me corresponde por Derecho Divino".

De ese modo obtuvo un significativo papel en una famosa ópera.

Ella me comentó: "Esto fue un milagro y sucedió gracias a este mandamiento que he repetido en incontables ocasiones".

Mandamientos

Ahora consigo que mis recursos inmediatos sean abundantes y mis suministros interminables.

¡Todos los caminos están despejados!

¡Todas las puertas se abren!

En este momento libero la mina de oro que hay dentro mí. Me encuentro atado a un caudal dorado de bienestar perpetuo, que se acerca a mí por la gracia de los caminos milagrosos.

Todos los días de mi vida me acompañarán la piedad y la compasión, así viviré por siempre en la casa de la abundancia.

Ahora tomo todo lo que quiero o necesito e incluso mucho más, porque mi Dios es un Dios de opulencia.

Todo aquello que por Derecho Divino es mío, en este momento se libera y fluye hacia mí, por la gracia de los caminos milagrosos, en una enorme avalancha de abundancia.

Mis bienes son eternos, interminables e inmediatos; y, por la gracia de los senderos milagrosos, llegan a mí.

Están despejados todos los caminos y todas las puertas se abren para que, de inmediato y por siempre, el Plan Divino me sea proporcionado.

Sobre un mar en calma navegan mis barcos, bajo la gracia y por los caminos milagrosos.

Doy gracias porque, por Derecho Divino, los millones que me corresponden fluyen ahora y crean una pila por la gracia y los senderos milagrosos.

Las puertas insospechadas se abren, los caminos inesperados emergen sin obstáculos y una infinita avalancha de abundancia fluye sobre mí, por la gracia y los caminos milagrosos.

Sabiendo que mis recursos son interminables e inmediatos, gasto el dinero sin temor bajo una sabia e ininterrumpida bendición.

No tengo miedo de gastar mi dinero, sabiendo que Dios es mi proveedor inmediato y eterno.

Felicidad

En el extraordinario film El ladrón de Bagdad, se lee la siguiente frase escrita con letras luminosas: lafeli' cidad tendrá que ganarse.

Y se gana por medio del control total de nuestras emociones naturales.

La felicidad no puede existir donde hay miedo, dudas o pánico. Los sentimientos de seguridad y felicidad vienen con la fe perfecta en Dios.

Cuando una persona sabe que un poder imbatible está cuidándola, y a todo lo que ama, y que cualquier deseo justo de su corazón se realiza, cualquier tensión nerviosa disminuye y esta persona se siente contenta y tranquila.

Las situaciones desfavorables ya no la perturban, pues sabe que la Inteligencia Infinita cuida sus asuntos y usa cualquier situación para darle prosperidad.

"Construiré un sendero en el despoblado y ríos en los desiertos."

Si uno se va a dormir nervioso la mente no descansa. Lo lleva al ser humano por el camino de la enfermedad, la desilusión y la pobreza, además de robarle su felicidad los disgustos, rencores, celos, la mala voluntad y los deseos de venganza.

El rencor ha destruido más hogares que el alcohol y ha matado a más personas que las guerras.

Había, por ejemplo, una mujer que era sana, dichosa y estaba casada con el hombre al que amaba. Sin embargo, cuando éste murió heredó a un pariente una parte de sus riquezas. Esta situación originó que la mujer se llenara de rencor. Acabó por enfermar gravemente: bajó de peso, ya no pudo trabajar y desarrolló cálculos biliares.

Un día fue a visitarla un metafísico y le dijo: "¿Mujer, acaso no ve lo que el rencor y el odio le han hecho? Estos sentimientos han sido los que originaron los cálculos que se han formado en su cuerpo y únicamente conseguirá curarse con el perdón y la buena voluntad".

La mujer percibió la Verdad de estas palabras. Perdonando logró recuperar el equilibrio moral, la armonía y su magnífica salud.

Mandamientos

Ahora me encuentro empapado de esa felicidad que fue concebida para mí desde el Inicio.

Mis graneros están repletos, mi copa rebosa de la alegría.

Por medio de incontables senderos mi eterno bienestar se presenta ahora.

Me encuentro extraordinariamente alegre de una forma maravillosa; y esta maravillosa alegría ha llegado para permanecer conmigo.

Maravillosas sorpresas llegan todos los días a mí. "Y observo asombrado la que se encuentra frente a mí."

Marcho hacia el león de mi camino valerosamente y lo que encuentro es un cachorrito amistoso.

Liberado de la dominación del miedo soy dichoso, radiante, todo en mí es armonioso.

Mi felicidad está cimentada sobre la roca. Ahora me pertenece para siempre.

Ahora mi bienestar fluye hacia mí en una progresiva e ininterrumpida corriente de felicidad.

Nadie puede entorpecer mi felicidad pues es un asunto de Dios.

Dado que yo soy uno mismo con Dios, ahora tengo conmigo los anhelos de mi corazón.

Doy gracias por mi felicidad perdurable, mi riqueza perdurable, mi salud perdurable y mi amor perdurable.

Ahora conduzco mis barcos sobre un tranquilo océano.

Soy armonioso, feliz y divinamente magnético.

Para mí las ideas de Dios son perpetuas y perfectas.

La esperanza de mi corazón es una idea perfecta en la Mente Divina, inmutable e inquebrantable, y ahora se ejecuta de una mágica forma por la gracia.

Amor

Normalmente cuando llega el amor, un miedo atroz aparece. Casi todas las mujeres de este mundo viven con una idea oculta: la de una supuesta rival que va a despojarlas de su amor. Esta supuesta rival ha sido bautizada como "la otra". Esta idea, evidentemente, nace de la creencia femenina en una dualidad. En el momento en que ella visualice tal obstáculo, éste aparecerá.

Para una mujer suele ser muy difícil visualizarse a sí misma siendo correspondida por el hombre al que ama, por eso estos mandamientos grabarán, en su mente subconsciente, la Verdad de esta situación ya que en realidad únicamente existe la unidad.

Mandamientos

Del mismo modo en que soy uno con Dios, el Uno Indivisible, soy uno con mi amor indivisible y mi dicha indivisible.

Ahora todo miedo, desconfianza, enojo y rencor es borrado de mí por la Luz de Cristo.

A lo largo de mí el Amor de Dios difunde una irresistible corriente magnética.

Solamente visualizo la perfección y atraigo hacia mí aquello que me corresponde.

Por medio de mí el Amor Divino retira todas las supuestas dificultades y hace más tranquilo, claro y colmado de logros mi camino.

Yo amo a todo el mundo y todo el mundo me ama.

Mi supuesto enemigo se transforma en mi amigo, es un eslabón dorado en la cadena de mi bienestar.

Amo a todos y todos me aman. Estoy en paz con el mundo entero y conmigo mismo.

Ahora se abren las puertas de mi felicidad.

Matrimonio

Sólo si el matrimonio está sostenido sobre la sólida roca de la Unidad se mantendrá. "Dos almas con un mismo pensamiento, dos corazones que laten como uno solo." El poeta lo ha comprendido excelentemente, porque si el hombre y la mujer no comparten los mismos pensamientos (o al menos vivan en el mismo universo de pensamientos), inevitablemente se separarán.

El pensamiento es una enorme energía vibratoria y el ser humano atrae las creaciones de su pensamiento.

Por ejemplo: Conocí a un hombre y una mujer que se casaron y supuestamente vivían felices. Sin embargo, los negocios del esposo comenzaron a prosperar y sus gustos se hicieron más selectos; mientras tanto, su mujer seguía viviendo con las restricciones de su mente.

Cuando el esposo requería algo iba a adquirirlo a los mejores establecimientos y elegía lo que necesitaba sin importarle el costo.

En contraste, su mujer sólo compraba en tiendas baratas.

Mientras que el pensamiento de la esposa siempre la colocaba viviendo en la Tercera avenida, el de él lo situaba en la Quinta Avenida.

El alejamiento y el divorcio se dieron finalmente.

Con frecuencia nos enteramos de casos de hombres acaudalados y triunfadores que dejan a sus fieles compañeras, las cuales han trabajado arduamente a su lado. Dado que donde un hombre piensa allí es donde está su corazón, la mujer tiene que mantenerse a la par con los gustos y deseos de su esposo, así como vivir en el mundo de su pensamiento.

Todas las personas tienen su "otra mitad" o selección divina.

Estos dos seres humanos tienen que ser uno mismo en el mundo de sus pensamientos.

"Dios los ha unido y nadie los puede separar."

Como en la mente superconsciente de cada uno de nosotros somos parte del mismo Plan Divino, "la pareja tiene que ser uno".

Mandamientos

Doy gracias porque la unión que se ha hecho en el Cielo se materializa ahora sobre la Tierra.

"Los dos deberán ser uno" ahora y para siempre.

Perdón

Mandamientos

Todo el mundo me perdona y yo perdono a todo el mundo. Para mi bienestar las rejas se levantan.

Me encomiendo a la Ley del perdón. Me encuentro libre de errores y de los resultados de todos ellos. Me refugio bajo la gracia y no bajo la ley kármica.

Me volveré más blanco que la nieve, incluso si mis errores fueran rojos.

Aquello que no ha sucedido en el Reino jamás ocurrirá en ningún lugar.

Palabras de sabiduría

Mandamientos

"Sin valor la fe está condenada."

Entre la copa adecuada y los labios adecuados no existe ninguna distancia.

Jamás mires o nunca podrás brincar.

Dios se manifiesta, haciendo sus milagros, en sitios insospechados, con personas inesperadas, en momentos imprevistos.

Amar a nuestro prójimo quiere decir no restringirlo con palabras, pensamientos o actos.

Jamás cuestiones un presentimiento.

Cristóbal Colón siguió un presentimiento.

El reino de las ideas perfectas es el Reino de los Cielos.

Antes de la aurora hay oscuridad, pero la aurora nunca falla. Ten fe en la aurora.

No titubees en tocar las trompetas, hazlo sin miedo.

Los actos que importan son los valerosos.

No hagas hoy lo que un presentimiento te diga que hagas mañana.

Esta es una maravillosa vida si no la piensas.

Respeta a tu prójimo como a ti mismo.

Jamás obstaculices los presentimientos de los demás.

Todo pensamiento amigable y generoso lleva en sí mismo la raíz del éxito.

El egoísmo ciega y obstruye.

De ningún modo dejes de creer. En el momento menos pensado cosecharás.

La Fe es elástica. Extiéndela hasta el fin de tu manifestación.

Antes de solicitar se te ha dado respuesta, ya que el abastecimiento antecede a la petición.

Aquello que hagas por otros, lo estás haciendo para ti mismo.

Cada cosa que hagas mientras estés enojado o rencoroso implica una respuesta desafortunada.

Nada bueno le será arrebatado a aquel que camU na correctamente.

La mentira y la hipocresía dejan a su paso lamentos e infortunios.

El sendero del pecador es cruel.

El mal no tiene poder. El mal no existe; por consiguiente únicamente nos puede llevar al vacío.

El miedo y el nerviosismo desmagnetizan. La armonía magnetiza.

Extingue los juicios de tu mente con los mandamientos. Para no oír sus pensamientos Josafat hizo sonar sus campanas.

Cualquier dependencia es un invento de la mente humana.

Por la gracia siempre hay una solución para cualquier problema.

Cada ser humano es libre para cumplir la voluntad de Dios.

La Seguridad es más poderosa que el Optimismo.

"Las ideas divinas jamás están en desacuerdo."

Parar a la mitad de un presentimiento es arriesgado.

Nunca es demasiado tarde para el Espíritu Infinito.

Fe

La esperanza ve hacia el futuro. La Fe sabe que ya ha recogido y actúa en consecuencia.

En mis clases constantemente subrayo la importancia de excavar pozos (disponernos para recibir las cosas que solicitamos), ya que esto indica una fe dinámica y provoca la manifestación.

En mis cursos había un estudiante —al cual nombré "el alma de la fiesta" ya que todo el tiempo intentaba encontrar preguntas que yo no fuera capaz de responder; jamás lo logró—, que me preguntó: "¿Por qué existen tantas mujeres que durante años disponen su vestido de bodas pero jamás se casan?" Y le contesté: "Esto se debe a que lo preparan esperanzadas pero sin fe".

Muchas mujeres que desean casarse suelen quebrantar la Ley cuando cuentan sus planes a otras. Así sus amigas van y se sientan sobre el baúl donde guarda su ajuar, desconfían o desean que el proyecto de su amiga jamás se lleve a cabo.

"Rezad a vuestro Padre en secreto, y vuestro Padre, que conoce su deseo, os recompensará públicamente."

Ningún estudiante debe mencionar jamás su deseo hasta que ya se "haya consolidado", o sea visible en el exterior.

Por este motivo, el vestido tiene que guardarse en un Baúl de Fe, mantenerlo lejos de la vista de otros y pronunciar la palabra adecuada para que, bajo la gracia y de una forma perfecta, se lleve a cabo la Selección Divina de un esposo.

Los que Dios ha unido, no pueden ser separados por ningún pensamiento.

Mandamientos

Las situaciones desfavorables trabajan para mi bienestar, ya que Dios utiliza a cualquier persona y circunstancia para ejecutar mi más profundo deseo.

¡"Los obstáculos son amistosos" y las dificultades trampolines! ¡En este momento me lanzo hacia mi bienestar!

Del mismo modo en que soy uno con el Uno Indivisible, soy uno con mi Bienestar Indivisible.

Tal y como la aguja de una brújula siempre termina por apuntar hacia el norte, aquello que por Derecho Divino me corresponde siempre regresa hacia mí. ¡Yo Soy el norte!

Me encuentro amarrado por un cordel magnético, invisible e indestructible, a todo lo que me pertenece por Derecho Divino.

Tu Voluntad se cumple en mí y mis asuntos: Tu Reino ha llegado.

Cualquier proyecto que no ha concebido mi Padre en el Cielo se viene abajo, se diluye, y el Plan Divino de mi vida se realiza ahora.

Lo que Dios me ha otorgado, nadie me lo puede quitar, ya que Sus dones son eternos.

Mi fe está cimentada sobre una roca sólida y los anhelos de mi corazón se realizarán ahora, bajo la gracia y milagrosamente.

Visualizo mi bienestar en un fulgor dorado de perfección. Veo mis campos centellear con la claridad de la cosecha.

Dios es mi abastecedor, inmediato y seguro, de toda felicidad.

Mis más grandes ilusiones se efectúan de forma milagrosa, soy fuerte y armonioso.

Baño mi desierto con fe y rápidamente florece como un rosal.

Ahora aplico mi inquebrantable fe de tres formas: por medio de la palabra, el pensamiento y los hechos.

Me conservo inalterable frente a las apariencias, y por este motivo las apariencias se van.

Permanezco estable y firme, dando las gracias porque mi bienestar, que parecía inalcanzable, va a efectuarse, pues sé que para Dios es sencillo y que Su momento es ahora.

Los designios que Dios tiene reservados para mí están cimentados sobre una roca.

Aquello que al principio era mío, es mío ahora y lo será para siempre.

Sé que no existe nadie capaz de vencer a Dios, por eso nadie puede derrotarme.

Confío en el Señor y espero pacientemente en El; no me enojo por la gente malvada (ya que cada ser humano es un eslabón dorado en la cadena de mi bienestar) y ahora El realiza mis más profundos deseos (ver el Salmo 37).

Ahora tengo conmigo la valerosa fe de Cristo. Cuando me acerco, los obstáculos se desvanecen y las dificultades se esfuman.

Me mantengo estable, fijo, ya que en los campos la cosecha resplandece. Ahora mi invencible fe en Dios me lleva a la consumación del Plan Divino de mi vida.

Todos los miedos son rechazados en el nombre de Jesucristo, pues sé que no existe poder alguno capaz de perjudicarme.

Dios es el único y magnífico Poder.

Estoy en total concordia con la labor de la Ley, pues sé que la Inteligencia Infinita no sabe lo que son los problemas, el tiempo o el espacio. Sólo conoce la conclusión.

Para llevar a cabo Sus maravillas, Dios trabaja en forma mágica e insospechada.

En este momento me alisto para realizar los deseos de mi corazón. Le enseño a Dios que confío en la ejecución de Sus promesas.

Con confianza y bondad cavo ahora mis pozos profundamente, y de una forma extraordinaria el deseo de mi corazón se realiza.

En el momento adecuado mis pozos se atiborrarán de todo lo que había solicitado e incluso más.

En este momento "hago que el ejército de extranjeros desaparezca" (los pensamientos negativos). Ellos se alimentan del miedo y la fe los hace morir de hambre.

Como los pensamientos de Dios no pueden ser alterados, lo que es mío por Derecho Divino nunca me abandonará.

Ahora doy gracias porque los legítimos deseos de mi corazón se han satisfecho.

Las montañas se han hecho a un lado, los valles se han elevado y los caminos sinuosos se han hecho rectos.

Me encuentro en el Reino donde todo se hace realidad.

Tengo total confianza en Dios y Dios tiene total confianza en mí.

Sobre la roca sólida se construyen las promesas de Dios. Todo aquello que necesite me será dado.

"Nunca permitas que el deseo de mi corazón se aleje."

Para el Santo de Israel no existen las limitaciones en palabras, pensamientos o acciones.

Ahora todas las cosas son sencillas y posibles con Dios.

Ahora me hago a un lado y contemplo la labor de Dios. Estoy deseoso de ver con qué velocidad y destreza El cumple todos los deseos de mi corazón.

Antes de haber solicitado algo, Él ya me ha respondido y ahora de una forma extraordinaria cosecho los frutos.

Aquel que custodia los deseos de mi corazón "jamás duerme ni descansa".

En el nombre de Jesucristo, ahora las puertas que parecían obstruidas se abren de una manera prodigiosa y los caminos que parecían inaccesibles se vuelven transitables.

Mi prosperidad es una idea perfecta y eterna en la Mente Divina y tendrá que manifestarse pues nada puede enfrentársele.

¡Abandono todo el peso de Cristo que hay conmigo y marcho libre!

Pérdidas

Cuando un ser humano extravía cualquier cosa, nos encontramos frente a un hecho que nos dice que en nuestra mente subconsciente hay una idea de pérdida.

En el momento en que esta idea errónea se borra, el objeto mismo o su equivalente se manifiestan en lo exterior.

¿Quieren un ejemplo? Una mujer, a la que yo conocía, había perdido una pluma de plata en un teatro. Hizo todo lo que estuvo a su alcance para hallarla pero no lo consiguió.

Negando la pérdida, repetía este mandamiento: "Rechazo la pérdida, pues la Mente Divina no concibe las pérdidas; por consiguiente no puedo perder mi pluma. Regresará o recibiré su equivalente".

Varios días pasaron y entonces se topó con una amiga que llevaba alrededor de su cuello, atada con una cinta, una preciosa pluma de oro. Conversaron por algún tiempo y su amiga le anotó una dirección en un papel.

Al notar la forma en que miraba la pluma, le dijo "¿Quieres esta pluma?"

Atónita y olvidándose de agradecer a su amiga, la mujer dijo:

"¡Dios mío, qué maravilloso! ¡Mi pluma de plata no era lo bastante buena para mí!"

Los seres humanos sólo pueden perder aquello que no les corresponde por Derecho Divino o lo que no es digno de ellos.

Mandamientos

La Mente Divina no concibe las pérdidas, por consiguiente no puedo perder cualquier cosa que me corresponda por Derecho Divino.

¡Nunca es demasiado tarde para la Inteligencia Infinita! La Inteligencia Infinita sabe cómo recuperarla.

La Mente Divina no conoce la pérdida, por lo tanto, no puedo perder lo que me corresponde. Esto me será repuesto o recibiré su equivalente.

Deudas

Algo que demuestra si los seres humanos en su mente subconsciente creen en las deudas, es que las adquieran o que les deban dinero. Esta idea tiene que ser contrarrestada a fin de alterar esta situación.

Por ejemplo un día vino a verme una mujer y me comentó que un hombre le debía, desde hacía años, varios miles de dólares, pero que no conseguía que le pagara. Yo le respondí: "Tendrás que proceder sobre ti misma y no sobre tu deudor". Y le indiqué que utilizara el siguiente mandamiento: "Me rehúso a aceptar cualquier deuda.

En la Mente Divina no existen las deudas; nadie me debe nada; todo está en armonía. Yo envío mi amor y mi perdón a este hombre".

La mujer recibió en unas cuantas semanas una carta en la que le informaban que el hombre quería pagar la deuda, y en los meses siguientes recibió varios miles de dólares.

Por el contrario, el mandamiento habría cambiado si ella hubiera debido el dinero: "En la Mente Divina no existen las deudas; por consiguiente, no le debo nada a nadie; todo está en orden. En este momento todos mis compromisos se han esfumado, bajo la gracia y en una manera milagrosa".

Mandamientos

Me rehúso a aceptar la deuda; en la Mente Divina no existen las deudas; por lo tanto, no le debo nada a nadie.

Me son quitados todos los compromisos, bajo la gracia y de una manera milagrosa.

Niego la deuda; en la Mente Divina no existen las deudas; nadie me debe nada; todo está en orden. Mando mi amor y perdón.

Ventas

Había una mujer que vivía en una ciudad de provincia y deseaba vender su vivienda y sus muebles.

Era invierno, había caído muchísima nieve y parecía improbable que algún coche o camioneta lograra llegar hasta la entrada de su casa.

No le daba importancia a las apariencias, pues le había pedido a Dios que su casa y sus muebles se vendieran a la persona adecuada y a un precio justo.

Limpió sus muebles, los mandó colocar en el centro del salón y se dispuso a venderlos.

Ella me comentó: "En ningún momento miré por la ventana para ver cómo caía la nieve, sencillamente creí en las promesas de Dios".

Los compradores llegaron de forma milagrosa y, al poco tiempo y sin tener que pagar a ningún agente alguna comisión, había vendido todos sus muebles y la casa.

La fe jamás se asoma por la ventana para ver cómo cae la nieve, simplemente se dispone a recibir las bendiciones que ha solicitado.

Mandamientos

Doy las gracias porque esta cosa (o propiedad) ahora va a ser vendida a la persona adecuada, a un precio justo, dejando satisfechos al comprador y a mí.

Entrevistas de trabajo

Mandamientos
En el Plano Espiritual no existen las competencias. Aquello que es mío, me ha sido proporcionado bajo la gracia.

Con amor me identifico con el Espíritu de esa persona (o personas). Dios vela por mis intereses y ahora la Idea Divina se manifiesta en esta situación.

Guías

En su camino, los seres humanos siempre hallan a su guía.

Aquí tengo un ejemplo de este hecho: Conocí a una mujer que debido a su desventurada situación tenía muchos problemas. Constantemente se repetía: "¿Acaso jamás acabará esto?"

Cerca de ella se encontraba su sirvienta, la cual comenzó a contarle su vida. La mujer se encontraba demasiado abrumada como para interesarse mucho por la vida de su sirvienta pero, no obstante, la escuchaba pacientemente.

La sirvienta le decía: "En un hotel en el que trabajé había un jardinero muy amable, siempre me decía cosas graciosas. Una vez que había estado lloviendo durante tres días, le pregunté: "¿Crees que el cielo se aclare?" Y él me contestó: "¡Oh, Dios! ¿Acaso no termina por mejorar todo siempre?"

¡La mujer se quedó atónita! Esa era la respuesta adecuada a sus preguntas. Y le dijo respetuosamente: "Sí, todo se aclara, con el favor de Dios". Un tiempo después, sus dificultades se remediaron de forma imprevista.

Mandamientos

Espíritu Eterno, proporcióname la sabiduría para extraer el máximo beneficio de mis oportunidades. No me dejes caer en la trampa.

Siempre me encuentro bajo la iluminación directa. Sé exactamente de qué manera proceder y obedezco inmediatamente mis presentimientos.

El Ángel de mi Destino marcha delante de mí, me defiende en el camino.

Se me otorga todo el poder, pues soy obediente y humilde de corazón.

¡Me da lo mismo llegar al final, porque sé que llegaré en primer lugar!

Ahora pongo sobre el altar mi voluntad personal. Que se haga tu voluntad, no la mía; tu sendero, no el mío; tu tiempo, no el mío. ¡Y en un abrir y cerrar de ojos todo se cumple!

En el Reino no hay misterios. Por la gracia aquello que deba saber me será revelado.

Soy una herramienta perfecta, obediente a los designios de Dios, y ahora de una forma mágica se cumple para mí Su plan perfecto.

Protección

Mandamientos
Me encuentro envuelto por la Clara Luz de Cristo,
a través de la cual ninguna cosa negativa puede pasar.

Marcho en la Luz de Cristo y los gigantes inventados por mi miedo se hacen nada.

No existe nada que pueda impedir mi bienestar.

Memoria

Mandamiento
En la Mente Divina no existe la pérdida de memoria;
por eso, aquello que he de recordar lo recuerdo y todo
lo que no es para mi bienestar lo olvido.

El designio divino

Para cada ser humano existe un Plan Divino. De la misma manera que en una bellota se encuentra la imagen perfecta de un roble, el Plan Divino de nuestra vida se encuentra en la mente superconsciente del ser humano.

No hay limitaciones en el Plan Divino; únicamente la riqueza, la salud, el amor y la manifestación perfecta de uno mismo.

De ese modo, el ser humano siempre se topa en su camino con la Selección Divina. Cada día tendrá que vivir conforme al Plan Divino o sufrirá por los horribles resultados.

Por ejemplo: Había una mujer que se estaba cambiando a un nuevo departamento, el cual casi estaba totalmente amueblado, cuando le llegó el siguiente pensamiento: "De este lado del cuarto se vería muy bien un biombo".

Poco tiempo después, cuando caminaba justo al lado de una tienda de antigüedades, vio un magnífico biombo chino, ricamente tallado.

Ingresó a la tienda para preguntar por el precio, el vendedor le informó que su precio era de mil dólares, pero que el dueño estaba dispuesto a rebajarlo. Entonces le preguntó: "¿Cuánto es lo que usted ofrece por él?" Sin meditarlo, la mujer dijo: "¡Doscientos dólares!" Y el vendedor le respondió que se lo haría saber al dueño. Ciertamente, la mujer no quería estafar a nadie, ni adquirir algo que no le correspondiera por derecho. Por eso, durante el trayecto de regreso a su casa, se repetía a sí misma: "No puedo perderlo, si es para mí. Y si no es para mí, no lo quiero". Ese día había nevado y para dar más intensidad a sus palabras, comenzó a darle patadas a la nieve, despejando la entrada a su departamento.

Unos días después recibió una carta del dueño del biombo en la que le decía que estaba de acuerdo con su oferta.

Para cada petición hay un abastecimiento, ya sea un biombo chino o millones de dólares.

"Antes de que me llames, te contestaré", pero aunque se trate de un biombo o miles de dólares, si no es la Selección Divina, no nos traerá la felicidad.

"Si el Señor no construye la casa, trabajarán en vano los constructores" (Salmo 127-1).

Mandamientos

Hago a un lado todo lo que no está concebido celestialmente para mí, y el Plan Divino de mi vida se lleva a cabo.

Lo que me corresponde por Derecho Divino, jamás me será arrebatado.

El Plan Divino que Dios preparó para mí está cimentado sobre una roca.

Marcho siguiendo el sendero mágico de los presentimientos y por la gracia llego a la Tierra Prometida.

Ahora mi mente, mi cuerpo y mis asuntos están configurados conforme a la Imagen Divina que está en mí.

El único poder es Dios y ese poder está conmigo. Sólo existe un Plan, el Plan de Dios, y éste se llevará a cabo ahora.

"Doy gracias porque ahora extraigo de la Sustancia Universal todo lo que satisface los legítimos deseos de mi corazón."

Ahora el Plan Divino proyectado para mi vida se ejecuta. El sitio que estaba destinado para mí y que nadie más puede utilizar lo ocupo ahora. Las cosas que sé hacer y que nadie más que yo puede hacer las hago ahora.

Estoy totalmente preparado para el Plan Divino de mi vida; me encuentro equilibrado para enfrentar cualquier situación.

Todas las puertas se abren frente a sorpresas agradables y bajo la gracia el Plan Divino de mi vida se consuma velozmente.

Salud

¡Una persona goza de buena salud cuando se siente feliz y tiene armonía! Todas las enfermedades nacen cuando se peca o se viola la Ley Espiritual.

Jesucristo afirmó: "Con tu curación tus pecados te son perdonados".

El rencor, la mala fe, la enemistad y el miedo, entre otras cosas, devoran las células del cuerpo y contaminan la sangre.

El envejecimiento, la muerte misma y los accidentes se originan en las falsas ideas mentales que creamos dentro de nosotros.

En el momento en que una persona se ve a sí misma como Dios lo ve a él, volverá a ser luminoso, perdurable y ajeno a la enfermedad y la muerte, ya que "Dios creó al hombre a Su imagen y semejanza".

Mandamientos

El cansancio no existe, pues nada me puede agotar.

Vivo en el Reino de la felicidad eterna, donde todo me atrae y me interesa.

Sobre mi cuerpo, que es un "cuerpo eléctrico", no tienen poder alguno el tiempo o el agotamiento, ni el nacimiento o la muerte.

¡La idea del espacio y el tiempo se desvanece! ¡Vivo en el extraordinario ahora, sin nacimiento ni muerte! ¡Soy una unidad con el Único!

Tú eres en mí:
La felicidad eterna.
La juventud eterna.
La fortuna eterna.
La salud eterna.
El amor eterno.
La vida eterna.

Soy un Ser Espiritual. Mi cuerpo es perfecto, creado a Su imagen y semejanza.

La Luz de Cristo penetra ahora en cada célula de mi cuerpo. Doy las gracias por mi salud radiante.

Ojos
Visión defectuosa. Correspondencias: miedos, dudas, temor a las dificultades. Estar siempre pendiente de ios infortunios. Vivir todo el tiempo en el pasado o el futuro pero no en el ahora.

Mandamientos
Ahora la Luz de Cristo llena mis ojos. Poseo la clara y limpia vista del Espíritu. Veo y claramente vislumbro

que en mi sendero no hay obstáculos. Visualizo claramente la consumación de mis deseos más profundos.

Tengo la vista de rayos X del Espíritu. Veo a través de las aparentes dificultades. Veo claramente cómo se lleva a cabo el milagro.

Tengo la cristalina y límpida vista del Espíritu. Claramente veo los senderos despejados. En mi camino no hay obstáculos. Veo cómo los prodigios y milagros se realizan.

Doy las gracias por mi impecable vista. En todos los seres y en la felicidad de cada situación veo a Dios.

Mi vista es la del Espíritu, clara como el cristal. Miro hacia lo alto, hacia abajo y a mi alrededor, ya que mi prosperidad viene del norte, del sur, del este y del oeste.

Mis ojos son los ojos perfectos de Dios. La Luz de Cristo me llena y alumbra mi camino. Veo claramente que en mi camino no hay leones, sino únicamente espíritus celestes y bendiciones eternas.

Anemia
Correspondencias: Esperanzas insatisfechas. Carencia de felicidad.

Mandamiento
El Espíritu que se encuentra dentro de mí me nutre. Todas las células de mi cuerpo están colmadas de luz.

Doy las gracias por mi resplandeciente salud y mi bienestar infinito.

(Este mandamiento puede usarse para la curación de cualquier padecimiento.)

Oídos

Sordera. Correspondencias: Carácter imperioso, obstinación y tendencia a no escuchar ciertas cosas.

Mandamiento

Mis oídos son los oídos del Espíritu. Ahora fluye en mis oídos la Luz de Cristo provocando que todo endurecimiento o deformación desaparezca.

Oigo claramente la voz del presentimiento y la obedezco al momento.

Oigo claramente las buenas noticias con gran regocijo.

Reuma

Correspondencias: Crítica y reprobación.

Mandamiento

Ahora fluye por mi mente la luz de Cristo y diluye todos los pensamientos desagradables. Todo el mundo me ama y yo amo a todo el mundo. Doy las gracias por mi espléndida salud y bienestar.

Tumores
Correspondencias: Celos, rencores, hostilidad, miedos.

Mandamiento
Será arrancada de raíz toda planta que mi Padre en el Cielo no haya sembrado. Cualquier idea falsa en mi mente se desvanece ahora. La luz de Cristo se introduce a cada célula de mi cuerpo y doy las gracias por mi estupenda salud y por mi actual y eterna felicidad.

Enfermedades del corazón
Correspondencias: Miedos, ira.

Mandamiento
Mi corazón en este momento ocupa el lugar adecuado para desempeñar la tarea correcta pues es una idea perfecta de la Mente Divina.

El mío es un corazón radiante, amoroso y sin miedo.

La Luz de Cristo fluye por cada célula de mi cuerpo y doy las gracias por mi espléndida salud.

Animales

(Para el perro, por ejemplo)

Mandamientos

En la Mente Divina este perro es una idea perfecta y ahora expresa la Idea Perfecta de Dios para un perro perfecto. Desconozco cualquier apariencia de caos.

La Inteligencia Infinita orienta y guía a este animal. Es una idea perfecta en la Mente Divina y siempre ocupa el lugar que le corresponde.

Elementos

El ser humano ha sido creado a imagen (idea) y semejanza de Dios, y le han sido otorgados la autoridad y el poder sobre todas las cosas creadas. Es capaz de "contener a los vientos y a las olas", puede paralizar las mareas y hacer llover cuando lo requiera.

En Norteamérica existe una tribu de indios que habita en el desierto y para producir la lluvia que necesitan para sus cosechas sólo disponen del poder de la oración.

Ejecutan una danza de la lluvia, que es una forma de oración, pero ninguna persona perturbada por algún miedo puede ser parte de esa danza.

Para poder ser aceptados en la ceremonia hay que pasar por una serie de pruebas de valor.

Una mujer, que fue testigo presencial, me dijo que en un día despejado y con cielo azul vio cómo caía un auténtico diluvio, mientras el sol resplandecía en lo alto.

Fuego

Mandamiento
El fuego es compañero del hombre y siempre está en el lugar adecuado, haciendo el trabajo adecuado.

Sequía

Mandamiento

En la Mente Divina no existe la sequía. Doy las gracias porque la lluvia cae en las cantidades adecuadas para regar los campos y los jardines.

Claramente veo cómo cae la beneficiosa lluvia y la Idea Divina se realiza ahora.

Tempestades
Mandamiento

Ahora el Cristo que existe dentro de mí controla todo, incluso a los vientos y las olas para traer después una gran tranquilidad.

Claramente visualizo la tranquilidad establecida sobre la tierra y el mar.

Viajes

Mandamiento

Doy las gracias por este viaje ideado Divinamente, efectuado en circunstancias planeadas Divinamente y con recursos proporcionados Divinamente.

Pensamientos diversos

Cuando el ser humano odia crea en su mente subconsciente una idea clara que termina por tomar cuerpo, por eso aquello que aborrece u odia sucederá con toda certeza.

La única manera de eliminar estas ideas es por medio de la no-resistencia.

Conocí a una mujer que se sentía atraída por un hombre que todo el tiempo le hablaba de sus fascinantes primas.

Aquel hombre se fue de su vida pues ella estaba cargada de celos y antipatía.

Poco después conoció a otro hombre que también le gustaba mucho. Pero durante una conversación éste también le habló de unas primas a las cuales amaba mucho.

La mujer se molestó en un principio pero después rió, porque invariablemente terminaba por encontrarse con "las primas".

En ese momento probó la no-resistencia. Bendijo a todas las primas y primos del Universo y les mandó su buena voluntad, entendió que si no procedía de esa forma, cada hombre que se le aproximara terminaría yéndose.

Gracias a la postura que tomó, alcanzó el éxito y jamás volvió a escuchar nada sobre las primas.

Este es el motivo por el cual tantas personas tienen experiencias horribles que suceden una y otra vez a lo largo de sus vidas.

Había una mujer que todo el tiempo se jactaba de sus problemas. Siempre le estaba diciendo a los demás: "¡Yo conozco mejor que nadie lo que son los problemas!", e inmediatamente esperaba que le dieran unas palabras de alivio y cariño.

Evidentemente, entre más hablaba de sus problemas, tenía más obstáculos, pues ella misma "se condenaba" con sus palabras.

Para neutralizar sus problemas, en vez de aumentarlos ella tendría que haber pronunciado las palabras adecuadas.

Por ejemplo, si hubiera repetido una y otra vez "Marcho libre y niego cualquier peso sobre el Cristo que hay en mí", en vez haber proclamado a los cuatro vientos su infortunio, se hubieran borrado de su vida los problemas pues "por tus palabras serás juzgado".

El ser humano siempre cosecha en lo exterior aquello que ha sembrado en el mundo de su pensamiento. Pues "Te daré la tierra que ves".

Una mujer que necesitaba dinero iba caminando por la calle repitiendo que Dios era su proveedor inmediato.

Y sucedió que en ese preciso instante encontró tirado en el piso un billete de dos dólares.

Echó un vistazo a su alrededor y vio cerca a un policía. Pero cuando fue a dárselo, éste le dijo que tenía un rato de estarlo viendo y pensaba que era la envoltura de un chicle, que se lo quedara. Ciertamente muchas personas pasaron junto al billete, porque cuando tú vienes se apartan igual que las hojas.

Las demás personas, teniendo carencias, pasaron al lado del billete sin verlo, pero en ella sus palabras de fe se ampliaron.

Sucede lo mismo con las oportunidades que hay en la vida: algunos las ven y otros las dejan pasar.

"La fe sin trabajo (o acciones) está muerta."

El alumno deberá manifestar una fe activa, con el fin de materializar la idea que pide en su oración.

Un día vino a consultarme una mujer y me pidió que "enunciara la palabra" que le ayudara a rentar un cuarto.

Le proporcioné el siguiente mandamiento: "Doy gracias porque este cuarto ya está ocupado por la persona adecuada y a un precio justo, bueno para ambas partes".

Pasaron algunas semanas y el cuarto no se había ocupado. Entonces le pregunté: "¿Usted ha manifestado tener una fe activa? ¿Ha escuchado cualquier presentimiento que ha tenido con respecto a ese cuarto?" La mujer me respondió: "He querido comprar una lámpara nueva para ese cuarto, pero concluí que es un gasto innecesario que no puedo permi-tirme". Le contesté inmediatamente: "Esa habitación no se ocupará si no compra esa lámpara, pues adquiriéndola manifestará que tiene una fe activa y grabará la idea de la confianza en la mente subconsciente".

Y le pregunté cuál era el precio de la lámpara. Me dijo que cuatro dólares. Yo exclamé: "¡Pues ésa es la cantidad que la aparta del inquilino perfecto!" Su emoción fue tan grande, que compró dos lámparas.

El inquilino perfecto llegó al cabo de una semana. Pagaba por adelantado, no fumaba y tenía las cualidades perfectas.

No entraremos en el Reino de la Manifestación, a menos que seamos como niños pequeños y excavemos nuestros pozos.

"Sin visión, mi pueblo perecerá". Si el ser humano no tiene algún propósito, ninguna Tierra Prometida hacia la cual mire, empezará a morir.

Este hecho lo podemos observar en las pequeñas ciudades donde las personas se sientan alrededor del fuego, sin "tener alguna ambición", durante todo el invierno.

Y no obstante, dentro de cada uno existe una mina de oro, una tierra inexplorada.

En una de esas pequeñas ciudades de provincia conocí a un hombre al que apodaban Magnolia Charlie, porque cuando llegaba la primavera siempre era el primero en hallar una magnolia en flor.

Su oficio era el de zapatero, y todas las tardes dejaba su trabajo para ir a la estación de trenes para ver cómo llegaba de una ciudad lejana el tren de las 4:15.

Las únicas pasiones de su vida eran la primera magnolia y el tren de las 4:15.

El intuía sutilmente el llamado del Plan Divino ¹a mente subconsciente.

Estaba seguro que el Plan Divino destinado a él implicaba viajes y que podía llegar a ser un maestro en el mundo de las plantas.

Por medio de la palabra hablada, el Plan Divino puede realizarse algún día y dejar que cada persona cumpla su destino. "Veo el plan perfecto de mi vida nítidamente. La energía divina me entusiasma y ahora consumo mi destino".

Frente al dinero la actitud Espiritual es aquella que nos indica que Dios es el proveedor del ser humano, y que por medio de su fe y de la palabra hablada éste puede conseguir la abundancia.

En el momento en que el ser humano pueda entender esto dejará de ser ambicioso y utilizará su dinero sin miedo.

Gracias a la bolsa mágica del Espíritu sabe que el dar antecede al recibir, y que su fortuna es eterna e inmediata.

Por ejemplo: Una mujer vino un día (el primero de julio) a pedirme que enunciara la palabra que fuera capaz de ayudarle a reunir cinco mil dólares antes del primero de agosto.

Como la conocía muy bien, le dije: "Su más grande problema es que no da lo suficiente. Tendrá que despejar sus vías de abastecimiento y dar".

Además, había aceptado una invitación para visitar a una amiga, pero no deseaba ir y no sabía cómo negarse.

Me pidió que pronunciara la palabra para que no tuviera problemas durante las tres semanas en que viviría en casa de su amiga y pudiera volver lo más pronto posible para disponer, a finales del mes, del dinero que necesitaba.

Y se fue a casa de su amiga. Sin embargo, mientras estuvo ahí no dejaba de sentirse preocupada y nerviosa, pues trataba de regresar y no la dejaban.

Entonces recordó el consejo que le había dado y, dentro de sus posibilidades, le dio un obsequio a su amiga.

El primero de agosto se acercaba, no había señales de los cinco mil dólares y la mujer no tenía idea de cómo podía regresar a su casa.

El último día de julio se dijo: "¡Dios mío! Tal vez aún no he dado lo suficiente". Y distribuyó espléndidas propinas entre los empleados de la casa.

El primer día de agosto, su anfitriona le dijo: "Querida, quiero darte un presente", y le entregó un cheque por cinco mil dólares.

¡Dios se manifiesta de manera sorprendente para realizar sus milagros!

Mandamientos

Dios no es capaz de apartar o dividir; por este motivo, mi bienestar no se puede apartar, ni dividir. Soy uno con mi bienestar inseparable.

Ahora aquello que me corresponde por Derecho Divino fluye libremente y llega hasta mí, bajo la gracia, por caminos milagrosos.

La labor de Dios ha concluido ahora y debe manifestarse.

Sólo aprovecho mi fe y la eterna abundancia se manifiesta.

Las apariencias no me perturban. Tengo confianza en Dios y El inmediatamente me concede los deseos de mi corazón.

En este momento me llega mi bienestar de una forma extraordinaria.

El Plan Divino de mi vida no puede ser cambiado. Es incorruptible e inalterable. Unicamente espera que yo lo acepte.

El después no existe, tan sólo el aquí.

Muéstrame el sendero, deja que vea claramente la bendición que Tú me has otorgado.

Permite que Tu sagrada voluntad se cumpla en mí por este día.

Los sabuesos que el Cielo manda para que me guíen por el camino perfecto son mis presentimientos.

Todo aquello que busco me está buscando ahora.

Me dé cuenta de ello o no, ahora la Actividad Divina está trabajando en mi mente, mi cuerpo y mis asuntos.

Dado que soy uno con la Presencia, soy uno con el anhelo de mi corazón.

En este momento veo a través del ojo único del Espíritu y sólo veo su fin.

Soy una idea perfecta en la Mente Divina e invariablemente me encuentro en el lugar adecúado, haciendo el trabajo perfecto en el momento correcto, por un salario justo.

Sé el Cristóbal Colón que ve a través de ti.

Soy un imán incontenible para los billetes, las monedas y los cheques; pues por Derecho Divino todo me pertenece.

En mí tú eres el complemento. En el momento que pregunte, me responderás.

La Ley del aumento es la Ley de Dios y doy gracias por aumentarlo bajo la gracia en los senderos perfectos.

Vivo en el océano de la abundancia. Veo claramente mi interminable abastecimiento. Veo con nitidez los momentos oportunos.

Ahora mi "Mundo de Gusanos" titubea al manifestarse, y me adentro a la Tierra Prometida bajo la gracia.

Nadie podrá ofenderme pues amo la Ley de la no-resistencia y me encuentro en paz.

Tú eres mi Inspiración, mi Revelación y mi Entendimiento.

NADA ES DEMASIADO BUENO PARA
QUE NO SEA VERDAD.

NADA ES DEMASIADO MARAVILLOSO
PARA QUE NO SUCEDA.

NADA ES DEMASIADO BUENO
PARA QUE TERMINE.

LA PALABRA ES TU VARITA MÁGICA

Conclusión

Selecciona el mandamiento que más te guste y agítalo sobre la situación con la cual te enfrentas. Toma tu varita mágica, para que tu palabra trabaje con Dios.

"Así será mi palabra, la que salga de mi boca, que no deberá retomar hacia mí desprovista, sin que haya realizado lo que deseo y haya cumplido aquello a que la envié" (Isaías 55-11).

"Y pregunto yo: ¿Es que no han oído? Sí, en verdad. Por toda la tierra se ha difundido su voz y sus pa~ labras llegan hasta el fin del mundo" (Romanos 10-18).

Made in the USA
San Bernardino, CA
22 September 2018